Max Wirth

Die Hebung der arbeitenden Klassen durch

Genossenschaften und Volksbanken

Eine Anleitung zur Gründung von Genossenschaften aller Art

Max Wirth

Die Hebung der arbeitenden Klassen durch Genossenschaften und Volksbanken
Eine Anleitung zur Gründung von Genossenschaften aller Art

ISBN/EAN: 9783743456365

Hergestellt in Europa, USA, Kanada, Australien, Japan

Cover: Foto ©Suzi / pixelio.de

Weitere Bücher finden Sie auf **www.hansebooks.com**

Die

Hebung der arbeitenden Klassen

durch

Genossenschaften und Volksbanken.

———

Eine

Anleitung zur Gründung von Genossenschaften aller
Art, von Consum-, Kredit-, Rohstoff-, Magazin-, Maschinen-
und Produktio-Vereinen,

von

Max Wirth.

———❈———

Bern, 1865.
Verlag der J. Dalp'schen Buchhandlung.

Haller'ſche Buchdruckerei (R. F. Haller).

I.

Einleitung.

Die Geschäftskrisis, welche in Folge des nordameri=
kanischen Bürgerkrieges seit einigen Jahren die europäi=
schen Industrieländer heimgesucht hat, macht sich in der
Schweiz, die unter ihnen in der Ausfuhr relativ den
zweiten Rang einnimmt, in so hohem Grade fühlbar, daß
der Rückschlag seine Wellen bis in die ländlichen Distrikte,
und namentlich des vorzugsweise ackerbautreibenden Kan=
tons Bern erstreckt. Es wird vielfach über ein Mißbehagen
unter dem Landvolk berichtet, das sich in der Klage über
Geldklemme, Kreditmangel und hohen Zinsfuß Luft macht.
Ist es schon an und für sich die Pflicht der Staatsmänner
und Volkswirthe, ein achtsames Ohr zu haben für die
Leiden des Volkes, so ist es um so mehr geboten, das
Uebel zu sondiren und nach den Mitteln zur Abhülfe zu
forschen, wenn die Unzufriedenheit schon so groß geworden
ist, daß das Volk nach jedem Strohhalm greift, der ihm
als Hülfe geboten wird, ohne zu untersuchen, ob er auch
stark genug sei, um sich daran aufzurichten, oder ob es
auf denselben sich stützend ganz zusammenbreche. Läßt man
der althergebrachten Gewohnheit, nach dem Schein zu
urtheilen, auch in volkswirthschaftlichen Dingen Lauf, so

1

kommt man gar leicht in die Gefahr, über die Ursachen
eines Uebels sich zu täuschen und Mißgriffe zu begehen;
denn ohne richtige Diagnose ist die Wahl des Heilmittels
dem Zufall preisgegeben. Heutzutage weiß Jedermann,
daß nicht Sonne, Mond und Sterne in 24 Stunden sich
um die Erde drehen, sondern daß dieß nur Schein ist,
weil die Erde sich dreht. Dennoch hat die Menschheit
Jahrtausende lang an die erstere Annahme geglaubt; den=
noch stoßen wir in anderen Fächern fast jeden Tag auf
gleiche Vorurtheile, die oft nachtheiliger wirken, als der
naive Glaube an den alltäglichen Sonnen= und Sternen=
tanz. So taucht in der gegenwärtigen Krisis vielfach der
Glaube an Universalheilmittel auf, wie Glatzköpfe auf
Eau de Lob und Hypochonder auf Pillen schwören, die
vom König Humbug allerorten als Mittel gegen Hühner=
augen und Schwindsucht u. s. w. angepriesen werden. Eines
dieser Allerheilmittel ist die Staatshülfe und die Vormund=
schaft über einen Theil des Volkes, den man für die volle
Freiheit nicht reif hält, als ob es möglich wäre, schwim=
men zu lernen ohne in's Wasser zu gehen.

Als jüngst eine dieser Glaubensrichtungen mit einem
förmlichen Programm hervortrat, welches bei jener Stim=
mung im Lande vielfach Beachtung fand und daher voll=
kommen geeignet war, durch Verbreitung irriger Vorstel=
lungen über den naturgemäßen Verlauf der Volkswirth=
schaft, großes Unheil zu stiften, — ward ich von der
Redaktion des „Bund" aufgefordert, ein wissenschaftliches
Gutachten über dieses Programm abzugeben, welches in
einer Reihe von Aufsätzen unter dem Titel „Volkswirth=
schaftliche Glossen" erschien.

Nun würde ich die Anonymität nicht verlassen haben, weil ich überhaupt, zu kurze Zeit im Lande, unaufgefordert mich an der Streitfrage nicht betheiligt hätte, wäre nicht von verschiedenen Seiten die Aufforderung an die Redaktion des „Bund" und mich selbst ergangen, die „Glossen" in einem Separatabbruck erscheinen zu lassen, und wäre ich nicht selbst bereits häufig aus verschiedenen Bezirken aufgefordert worden, Material und Rathschläge wegen Gründung von Volksbanken zu geben. Indem ich also in den nachfolgenden Blättern den ausgesprochenen Wünschen nachkomme, leiste ich nicht sowohl der Sache, als mir selbst einen Dienst, indem ich meine Antwort, statt sie jedes Mal besonders zu schreiben, typographiren lasse.

Ich füge der Schrift einen Statutenentwurf für eine Volksbank bei.

II.

Diagnose.

Man klagt über Geldklemme oder Kapitalmangel, über die Höhe des Zinsfußes und über Schwierigkeit des Krebits.

Als Ursache betrachtet man die Banken, man klagt, daß sie fremdes Geld in's Land gebracht hätten, man verlangt strengere Handhabung des Wuchergesetzes, die Ausschließung des Landvolkes von der allgemeinen Wechselfähigkeit u. s. w.

Man vergißt aber, daß dieß Widersprüche in sich selbst sind, wovon einer den andern aufhebt.

Wenn die Banken fremdes Geld in's Land gebracht, so haben sie den Vorrath und nicht die Geldklemme vermehrt, sie haben aus diesem Grunde dann nicht zu dem Steigen des Zinsfußes beigetragen, sondern vielmehr verhindert, daß er nicht höher stieg.

Die strengere Handhabung des Wuchergesetzes erhöht den Zinsfuß.

Die Ausschließung von der allgemeinen Wechselfähigkeit vermindert den Kredit des Landvolkes.

Wir werden diese Sätze im Verlauf dieser Schrift beweisen.

Um zu wissen, wie man ein Bedürfniß befriedigen soll, muß man das Bedürfniß erst kennen.

Das Geldbedürfniß des Landvolkes ist ein durchausverschiedenes in Beziehung auf Umfang und Zeit. Vermengt man Alles in Eines, dann kann man natürlich kein klares Mittel zur Abhülfe angeben.

Wenn also geklagt wird, daß das Landvolk an Geldklemme und hohem Zinfuß leide, so muß man, ehe man es unternimmt, ein Hülfsmittel anzugeben, erst unterscheiden zwischen langem und kurzem Kredit — mit einem Wort zwischen Hypothekar- und Personal-Kredit.

Diejenigen Landwirthe, welche ihre Höfe schuldenfrei haben, gehören fast in ganz Europa zu den Ausnahmen. Die Meisten haben Hypothekenkapitalien darauf stehen; welche Schulden nur unter günstigen Umständen und allmälig zurückbezahlt oder getilgt werden können. Das Interesse der Landwirthe besteht in dieser Hinsicht darin, daß sie ihre Hypothekenkapitalien zu möglichst niedrigen Zinsen in möglichst langen Kündigungsfristen erhalten, um im Fall der Kündigung sich nach einem andern Gläubiger umsehen, und im andern Falle die Schuld allmälig durch Ersparnisse abtragen zu können.

In früheren Zeiten war die Aufnahme eines Hypothekenkapitals überall auf dem Continent mit Mühe, Zeitverlust und Kosten verknüpft. Am leichtesten ging es, wenn man bei Stiftungen und Vermögensverwaltungen zur todten Hand ankommen konnte; wo diese nichts mehr zu vergeben hatten, mußte das Bäuerlein oft bei Kapitalisten herum katzbuckeln und sich von Agenten und Maklern aussaugen lassen. Fünf Prozent Zinsen und 1, oft auch 2% Maklerlohn war die billigste Art auf einen Pfandbrief Kapital zu erlangen. Traf dann den Landwirth ein Unglück: Hagelschlag, Mißernte, Viehseuche, Krankheit, Handelskrisen, — und das Kapital wurde gekündigt, so kam es oft, daß ihm Haus und Hof in Zwang versteigert und nicht mehr als das Hypothekenkapital gelöst wurde, wenn der Verkauf gerade in eine schlechte Zeit fiel.

Diesem Uebelstande abzuhelfen wurden die Hypothekenbanken geschaffen, ursprünglich eine Erfindung des „alten Fritz."

Die Hypothekenbanken, deren Einrichtung wir unten näher erörtern werden, gewähren dem Grundbesitzer den Vortheil, daß er

1) um das Hypothekenkapital nicht zu betteln braucht,

2) dasselbe unkündbar erhält,

3) es in bequemen Jahresfristen zurückzahlen kann,

4) einen geringeren Zins, als früher dem Privatkapitalisten, d. h. nur circa 4¹/₂% zahlt,

5) mit einem Zuschlag von ¹/₂—1¹/₂%, d. h. mit der jährlichen Zinszahlung von im Ganzen 5%—6%, die er früher dem Kapitalisten abzutragen hatte, zugleich in einer Reihe von Jahren sein Gut schuldenfrei erhält, wobei größere Tilgungszahlungen nicht ausgeschlossen sind.

Der Landwirth wird wahrhaft emanzipirt, ein freier Mann, der wohlgemuth der Zukunft entgegensehen kann.

Ueberall, wo Hypothekenbanken bestehen, hat die Lage des Landvolkes sich außerordentlich verbessert. Indessen muß dabei bemerkt werden, daß Staatsanstalten nirgends so ausreichende Dienste geleistet haben, als Privathypothekenbanken.

Ein Jeder bekommt da Kapital auf eine meist geringere Pfandhaftung, als früher, unkündbar, wenn er nicht ein notorisch schlechter Wirthschafter ist, der sein Grundstück zu Grunde richtet, und wenn er seinen Zins regelmäßig zahlt, wobei indessen in außerordentlichen Fällen billige Verlängerungsfristen nicht ausgeschlossen sind.

Die Kapitalisten, welche der Hypothekenbank ihre Gelder anvertrauen, sehen besonders darauf, daß sie sichergestellt sind, und regelmäßigen Zinsenbezug haben. Sie geben ihre Kapitalien der Bank lieber zu 4%, als dem Privaten zu 5%. Deßhalb kann beim Hypothekarkredit von einer Steigerung des Zinsfußes nicht die Rede sein. Es kann bloß darüber geklagt werden, daß die Staatshypothekenbank (von Bern) nicht alle Anforderungen befriedigen kann. Daran ist das Institut der

Hypothekenbank nicht schuld. Man überlasse diesen Zweig
der Privatthätigkeit. Wenn das Bedürfniß groß genug
ist, werden sich die Kräfte zu einer neuen Hypothekenbank
leicht finden. Auch würden sich auswärtige Banken zur
Hülfe herbeilassen, wenn ihnen von Seite von Corpora-
tionen entgegen gekommen wird. Es kann beim Hypo-
thekarkreditbedürfniß also nicht über Höhe des Zinssatzes,
sondern allenfalls nur über Kapitalmangel geklagt werden.

Wir kommen zum **Personalkredit.**

Außer dem Bedürfniß nach Hypothekenkapitalien braucht
der Landwirth zuweilen zwischen Saat und Verkauf der
Ernte kleine Vorschüsse, welche er mit dem Erlös seiner
Produkte zurückzahlt. Solche Vorschüsse aber dürfen, bei
ordnungsmäßiger Wirthschaft, nie auf längere Zeit als
$^1/_4 — ^1/_2$ Jahr in Anspruch genommen werden. Solcher
kurzer Kredit ist aber naturgemäß dem laufenden Zins-
oder Discontosatz des beweglichen Kapitals unterworfen,
der oft höher, oft dagegen aber auch niedriger ist, als der
Zinssatz der Hypothekenkapitalien.

Will man nun dem Landmann die Wechselfähigkeit
rauben, so beschränkt man seinen Kredit, und zwingt ihn,
da das Angebot abnimmt, noch höhere Zinsen zu zahlen.
Wir wollen dabei nicht darnach fragen, woher man denn
in einem demokratischen Lande die Berechtigung nehmen
will, den zahlreichsten Theil seiner Bevölkerung vom Gebrauch eines verfassungsmäßigen Rechtes auszuschließen.
In monarchischen Staaten gehen solche Forderungen nur
von den — Junkern aus.

Nicht viel besser begründet ist der Vorwurf, daß die
Banken den Kredit vertheuerten; wenn man diesen Satz

allgemein aufstellt. Die Kreditanstalten? Ja. Die Dis=
contobanken? Nein. Davon weiter unten.

Wir sehen aus Allem, daß es nothwendig ist, bevor
wir über die Wirkung der Banken klar werden wollen, zu=
erst über einige Grundbegriffe uns zu verständigen, welche
noch nicht überall im Bewußtsein des Volkes das Urtheil
nach dem Schein verdrängt haben. Wir müssen uns vor=
her noch etwas genauer ansehen, was Geld und Kapital
ist, und unter welchen Gesetzen die Bildung und der Um=
satz des Letzteren vor sich geht.

III.

Geld und Kapital.

Um sich dieser volkswirthschaftlichen Größen (Geld
und Kapital) völlig bewußt zu werden, muß man zuerst
über den Sinn der Worte sich einigen, denn der meiste
Streit in der Welt, sagt J. B. Say, ist Wortstreit.

Man versteht im engeren volkswirthschaftlichen Sinne
unter Gütern alle Sachen, denen durch menschliche Arbeit
Tauschwerth beigebracht worden ist. Unter einer Anzahl
solcher Güter versteht man Vermögen; unter Ueberfluß
an solchen Gütern Reichthum; unter einer Summe
solcher Güter, die verbraucht werden zur Wiedererzeugung
neuer Güter, welche menschliche Bedürfnisse befriedigen
sollen, versteht man Kapital.

Kapital in diesem engen volkswirthschaftlichen Sinn
sind also alle stofflichen Gegenstände, denen durch mensch=

liche Arbeit solcher Werth verliehen worden ist, daß sie, indem sie Bedürfnisse befriedigen, oder zum Eintausch von Produkten dienen können, welche Bedürfnisse befriedigen, zur Wiedererzeugung von Gütern verbraucht werden.

Im Paradies gab es kein Kapital, weil Adam und Eva weder Kleidung noch Wohnung, noch Vorrath für den Winter brauchten. Die meisten Thiere haben auch kein Kapital. Allein schon die Biene gibt uns die erste Vorstellung der Kapitalbildung, weil sie sich ihre Zelle baut und für den Winter sorgt. Das erste Kapital, welches der Urmensch schuf, waren Kleidung, Waffen, Werkzeuge, Hütte, Vorräthe für den Winter. Alle diese Dinge verbrauchte er in kürzerer oder längerer Zeit, während er beschäftigt war, neue Artikel zur Befriedigung seiner Lebsucht zu machen. Mit der steigenden Civilisation wächst der Vorrath an solchen Mitteln, die Bedürfnisse zu befriedigen, der Vorrath an Kapital, und mit der Größe des Kapitals erhöht sich auch die Kraft des Menschen, immer mehr und immer bessere, schönere Produkte mit immer besseren, ergiebigeren Werkzeugen zu schaffen, und immer mehr Genüsse mit weniger Arbeit sich zu erwerben.

Kapital sind also Grundstücke, Häuser, Werkstätten, Maschinen, Werkzeuge, Transport- und Verkehrsmittel, Geld, Wagen, Hausthiere, Schiffe, Waaren und Vorräthe aller Art. Zur ständigen Ernährung der Bevölkerung und des Zuwachses derselben, müssen alle diese durch aufgesparte und direkte Arbeit erschaffenen Gegenstände verzehrt und wieder neu geschaffen werden. Bei den einen geschieht dieß in weniger, bei den andern in mehr als einem Jahr. Lebensmittel in Gestalt von Früchten werden

wegen des Wechsels der Jahreszeiten in jedem Jahre wieder=
erzeugt, in Gestalt von Hausthieren (Geflügel, Schweine,
Schafe, Rindvieh) in 1—10 Jahren. Auch Grundstücke
würden nicht ewig fruchtbar bleiben, wenn ihre Kraft
nicht durch Zuführung der in den Früchten entzogenen
Stoffe mittelst Dünger erneuert würde. Die Herstellung
der Lebensmittel erfordert also Vorräthe in Gestalt von
fruchtbaren, d. h. mittelst früherer Arbeit befruchteten —
Aeckern, von Häusern, Werkzeugen, Wagen, Maschinen,
Dünger, und von Kleidungsstücken und Lebensmitteln für
die mit der Bestellung der Aecker und Einbringung der
Ernte beschäftigten Arbeiter, — welche Lebensmittel unter
der Form von Lohn verabfolgt zu werden pflegen.

Wie man Werkzeuge braucht, um leichter Produkte
zu machen, so braucht man auch ein Werkzeug, um den
Ueberfluß von selbstgeschaffenen Produkten mit anderen
Gegenständen, deren man bedarf, oder welche die Bequem=
lichkeit und den Genuß des Lebens erhöhen, leichter aus=
zutauschen. Ein solches Werkzeug ist das Geld.

Wie jedes Werkzeug ist das Geld ein Theil des
Kapitals und zwar ein verschwindend kleiner Theil gegen
die Summe der übrigen Güter. Wie Wagen ein Werk=
zeug sind, um den Austausch der Waaren nach dem Raum
zu erleichtern, so ist Geld das Werkzeug, um den Aus=
tausch von deren Werthen leichter zu bewerkstelligen. Dieß
ist seine Natur, als kleiner Theil des Kapitals. Außerdem
hat es aber noch den allgemeinen Charakter als Werth=
messer und Repräsentant des Kapitals. In dieser
Eigenschaft pflegt es bei allen Käufen und Verkäufen
zu erscheinen und besonders an den Märkten und in den

Buden der Märkte, den Banken, sich anzuhäufen. Aus demselben Grunde verwechselt aber die Menge und selbst der sonst denkende Kaufmann fast immer Geld mit Kapital; wie man im gewöhnlichen Leben auch vom Auf= und Unter= gang der Sonne zu sprechen pflegt.

Je mehr nun die Kultur und Wohlhabenheit steigt, desto mehr wird das Kapital in bauer= haftere Gestalt gebracht. Da nun Edelmetall sehr dauerhaft ist, so vermehrt sich bei anwachsendem Kapital der Vorrath an Metallgeld in steigendem Verhältniß.

Verfolgen wir diesen Entwicklungs= und Verwand= lungsprozeß des Kapitals in dauerhaftere Gestalt an einem Beispiel:

Wenn auf längere Zeit ein Ueberschuß an Früchten in Gestalt von Lebensmitteln gewonnen wird, in Folge fruchtbarer Jahre oder Verbesserungen der Landwirthschaft, dann muß dieser Ueberschuß aufbewahrt werden. Da nun Wurzelfrüchte nur ein Jahr, Getreide ohne Gefahr nicht über zwei Jahre sich aufbewahren lassen, so muß dieser Ueberschuß in eine andere Gestalt verwandelt werden. Es wird daher mehr junges Vieh groß gezogen, — der Vieh= stand vermehrt sich. Wiederholt sich der Ueberschuß auch in folgenden Jahren und es ist Ausfuhr nicht lohnend, dann wird ein Theil der Grundstücke mit Handelsgewäch= sen, die einer längeren Aufbewahrung fähig sind, wie Tabak, Oel= und Farbpflanzen bebaut und das Kapital vermehrt sich nach anderer Richtung. Steigt der jährliche Mehr= ertrag so fort, dann wird mehr Kapital für die Verbesse= rung der Wege und Häuser angelegt. An die Stelle der hölzernen Häuser treten steinerne, an die Stelle der

Schindelbächer Ziegel= und Schieferdächer. Es steigt auch
die Frage nach einer Menge anderer Bequemlichkeiten,
nach besseren Kleidern und Werkzeugen, nach Uhren, Bü=
chern, Gemälden u. s. w.

IV.

Kapital und Arbeit.

So wie allmälig das National = Kapital
vermehrt wird, d. h. überflüssige Vorräthe fort=
während in andere, solidere, haltbarere, edlere,
werthvollere Gestalt verwandelt werden, — so
steigen auch fortwährend Arbeiter aus dem un=
tersten Grade der Handlanger und Taglöhner
durch bessere Ausbildung auf eine höhere Stufen=
leiter in eine andere Beschäftigung, wo Kapital
in dauerhaftere, schönere Gestalt, d. h. in Waaren
verschiedenster Art verwandelt, durch Transport brauch=
barer, d. h. werthvoller gemacht wird; sie gehen mit einem
Wort zum Transportwesen, zum Handel, zu den Gewerken,
so wie endlich zu den gelehrten und künstlerischen Berufs=
arten über. Dieser Entwicklungsgang ist in der Geschichte
aller Siedelungen und aller Völker klar nachzuweisen. In
demselben Verhältniß, in welchem nun Arbeiter aus
dem untersten Grade der Landbauer in andere
Beschäftigungen emporsteigen, erhöht sich auch
der Lohn; denn dieß Angebot von Arbeit ist seltener

weil mehr Talent und mehr Kapitalaufwand zur Erler=
nung einer betreffenden Geschicklichkeit erfordert wird, wie
beim gewöhnlichen Handlanger.

Blicken wir noch näher auf diesen Prozeß, so finden
wir in dem Kulturfortschritt, welchen das so er=
sparte Kapital durch das Uebergehen von Arbei=
tern zu besseren Berufsarten bewirkt, eine wun=
derbare Gewalt; denn es ist ja gerade die Grund=
ursache aller Verbesserung der Lage der mensch=
lichen Gesellschaft, daß durch Uebersparung von
Existenzmitteln einzelne talentvollere Menschen
in Stand gesetzt werden, neue Mittel zur größeren
Gütererzeugung auszusinnen und herzustellen. Dann
werden die Werkzeuge verbessert, um Zeit zu sparen oder
bei Aufwand von gleicher Zeit mehr zu schaffen; dann
werden Wege und Straßen vermehrt, um die Transport=
kosten zu vermindern; dann werden Maschinen und neue
Erzeugungsmethoden erfunden, welche den Menschen immer
mehr von der groben, mechanischen, ungesunden und un=
angenehmen Arbeit erlösen; dann wird die Jugend besser
erzogen, daß sie immer weniger Lehrgeld durch eigenen
Schaden zu zahlen hat, immer besser arbeiten, immer
Edleres produciren lernt. Es wird dann, indem alles
dieß zusammenwirkt, mit dem Aufwand der gleichen Arbeit
eine viel größere Menge von Gütern erzeugt, also kann
auch viel mehr Kapital, ganz im Verhältniß zur wachsen=
den Bevölkerung, gespart werden, als vorher. Da nun
aber dieses Kapital, wenn es nicht zu Grunde gehen soll,
fortwährend umgesetzt und in ähnliche und in dauerhaftere
oder edlere Güter verwandelt werden muß, da es fortwäh=

rend reproduktiv verzehrt werden muß, so müssen noth=
wendigerweise mit dem Ueberhandnehmen der Maschinen
mehr Güter zur allgemeinen Vertheilung kommen. Es
können immer neue, edlere Güter geschaffen werden und
immer mehr Arbeiter durch bessere Ausbildung zu besseren,
höher gelohnten Erwerbsarten übergehen. Das Steigen
des Kapitals vervielfältigt also die Erwerbs=
arten und schafft einer immer größeren Arbeiterzahl
höheren Lohn, weil durch das Abziehen von Arbeitern
aus der untersten Stufe in höhere, das Angebot von
Arbeitern der untersten Stufe sich vermindert. (Daher der
Mangel an ländlichen Arbeitern beim Aufblühen der In=
dustrie, wie er in Deutschland seit 10 Jahren sich allent=
halben fühlbar macht und worüber alle landwirthschaftlichen
Versammlungen klagen.) Die Bevölkerung wächst; durch
das Dichterwerden der Bevölkerung rücken Konsument und
Produzent einander näher; es werden Transportkosten
gespart und um ebensoviel die Kapitalansammlung ver=
mehrt über die Summe hinaus, welche sonst unter gleichen
Umständen (gleicher Bevölkerungszahl und Produktions
mitteln) aufgespart wurde. Die Mittel zur Erhaltung
von Arbeitern, die Nachfrage nach Arbeitern und
ihr Lohn müssen also absolut und relativ steigen
mit dem Anwachsen der Bevölkerung, — weil mit
der jeden Tag sich mehrenden Summe von Erfahrungen,
von Einsicht in die Gesetze und Erscheinungen der Natur,
von Bildung, von Uebung der Arbeitskraft, von Produk=
tions= und Transportmitteln, von Erfindungen u. s. w.
mit derselben Arbeit mehr von den alten Gütern hervor=
gebracht wird, also neue Beschäftigungen entstehen, die

Erwerbsarten sich vervielfältigen, die Bevölkerung an Zahl und Bildung wächst, stets mehr Transportkosten erspart und relativ mehr Kapital aufgesammelt werden können, als früher.

V.

Kredit.

Diesem im Ganzen und Großen unbestreitbaren und erfreulichen Entwicklungsgang der Kultur stehen mannig= fache Hindernisse entgegen, welche theils von der Natur, theils von den Menschen selbst in den Weg gelegt werden. Dieselben äußern sich vornämlich in Zerstörung des Kapi= tals und der Arbeitskraft. Die von der Natur bereiteten Hindernisse bestehen in Mißwachs (durch zu große Nässe oder Trockenheit, durch Hagelschlag), in Ueberschwemmungen, Feuersbrünsten, in Seuchen, welche Vieh, in Krankheiten, welche produktive Menschen wegraffen. Diese Hindernisse können zum Theil ganz abgewendet, zum Theil sehr ge= mildert werden. Gute Düngung und Dränirung machen den Acker unabhäniger von Hitze und Nässe, die Verbesse= rung der Heilkunde vermehrt bedeutend das durchschnittliche Lebensalter, aufmerksame Sanitätspolizei mindert die Vieh= seuchen, welche bekanntlich in der Regel aus den wilden Steppen eingeschleppt werden. Gute Forstkultur, Uferbauten und Flußregulirungen sichern vor Ueberschwemmungen ꝛc.

Die Hindernisse, welche von den Menschen entgegen=

gestellt werden, sind: schlechte Regierungen, welche kapital-
und menschenverwüstende Kriege heraufbeschwören, welche
die Staatsbürger länger als es nothwendig ist der Arbeit
entziehen und in den Kasernen zurückhalten, welche die
den Staatsbürgern ungesetzlich erpreßten Steuern für un-
nütze Zwecke hinauswerfen; — diese Hindernisse bestehen
in schlechten Gesetzen, welche eine Kaste von Faullenzern zu
Herren der arbeitenden Bevölkerung machen, die den Einen
Vorrechte über die Anderen verleihen, welche die von Natur
bestehende Ungleichheit der Menschen an Gesundheit, Kraft,
Verstand, Talent noch vermehren zum Nachtheil des minder
Befähigten, indem sie verbieten, daß jeder arbeiten könne
was und wo er will; welche die heiligste und süßeste
Handlung des Menschen, die Ehe, gewissermaßen wie ein
Vergehen zu verhindern suchen, obgleich es in der That
kein mächtigeres Mittel gibt die Menschen zufrieden, arbeit-
sam, sparsam, aufstrebend, gesittet, nüchtern, edel, der
höchsten Anstrengungen des Körpers und des Geistes fähig
zu machen, als dieses. Solche Hindernisse bestehen vor
allen Dingen auch in dem Wahn der Menschen selbst,
welche in ihrer Mehrheit nur sehr langsam zur Erkenntniß
der Gesetze der Natur und des Verkehrs gelangen und in
der Regel allen Verbesserungen lange Zeit passiven, ja oft
sogar aktiven Widerstand entgegensetzen; wie die große
Schwierigkeit beweist, mit welcher Gesetzreformen durch-
zusetzen sind; wie die Langsamkeit beweist, mit welcher
neue zweckmäßige Maschinen Eingang finden; wie die Thatt-
sache beweist, daß anfangs in England Maschinen sogar
von den Arbeitern zertrümmert, daß in Frankreich noch
vor 15 Jahren der Krieg gegen das Kapital geprebigt

wurde, — der Thorheit jenes Gärtners vergleichbar, der den Ast, auf dem er saß, absägte. —

Ich habe diese Hindernisse flüchtig angeführt, um zu zeigen, wie wichtig es ist, irrige Meinungen zu berichtigen und die Unebenheiten der Natur durch Klugheit und Menschlichkeit zu mildern, denn wo nicht das Volk gleichen Schrittes mit der industriellen Entwicklung und dem Wachsen des Kapitales in Bildung vorwärts schreitet, da kann leicht jener herrliche Entwicklungsgang die Lage der unteren Klassen noch verschlimmern, wovon wir aus den Großstädten England's einige Beispiele aufführen könnten.

Eines der mächtigsten Förderungsmittel der Kulturentwicklung ist der Kredit. Allein der Kredit kann leicht dazu beitragen, die von der Natur gegebene Ungleichheit der Menschen noch zu vermehren, wenn er zum Monopol einer bevorrechteten Klasse gemacht wird.

Es heißt aber das Monopol einer bevorrechteten Klasse schaffen wollen, wenn man den Bauernstand, den größeren Theil der Bevölkerung, von der Wechselfähigkeit ausschließen will.

Vergesse man doch nicht, daß die Menschen mit sehr ungleichen Anlagen geboren und in sehr ungleichen Verhältnissen erzogen werden. Der Eine ist gesünder und stärker, muthiger, feuriger, schöner, nüchterner, sparsamer als der Andere, der Eine hat mehr Talent zum Lernen, zum Denken, zum Erfinden, als der Andere. Diese Ungleichheit läßt sich bis in alle Eigenschaften der Menschen verfolgen; sie ist die Ursache auch der socialen und staatlichen Bevorzugungen, namentlich des Gegensatzes zwischen Arm und Reich.

Von zwei Knaben mit gleichen Anlagen, deren Einer in einer armen, der Andere in einer wohlhabenden Familie, oder der Eine in einer sehr ordnungsliebenden, fleißigen, der Andere in einer etwas zerrütteten Familie aufwächst, hat der Eine einen großen Vortheil und wird es ihm viel leichter, eine gute Laufbahn zu machen, als der Andere.

Diese Andeutung, welche jeder für sich selbst in's Einzelne verfolgen kann, wird genügen, um darzuthun, daß es schreiendes Unrecht ist, die von Natur, Geburt und Erbrecht auferlegte Ungleichheit noch vermehren zu wollen, durch Gesetze, welche die freie Thätigkeit und Erwerbsfähig= keit hemmen, oder sie auf den Kreis einer bevorrechteten Kaste einschränken. Dieß hat man aber bis in die neuere Zeit gethan, indem man:

1) ein gesetzliches Zinsmaximum aufrecht hielt, ein Ge= setz, dessen Unwirksamkeit wir weiter unten nach= weisen werden, und dadurch den Kredit des kleinen Mannes schmälerte, während Banken, Kaufleute und Regierungen offen und ungescheut die gesetzliche Taxe überschritten;

2) die Wechselfähigkeit auf eine bevorrechtete Kaste, die Kaufleute, beschränkte, —

3) das Koncessionswesen für Banken und andere in= dustrielle Unternehmungen aufrecht hielt, bei dem stets die reichen und angesehenen Leute bevorzugt werden u. dgl. m.

Durch solche und ähnliche Maßregeln macht man den Kredit zum Monopol und schafft an Stelle der alten Ge= burtsaristokratie eine schlimmere Geldaristokratie.

Um die Wahrheit dieser Behauptungen zu ermessen, sehe man sich nur einmal genau an, was der kaufmännische

Kredit ist, und welchen Vorzug, welches gewaltige Ueber=
gewicht er dem Kaufmann und Fabrikanten vor dem kleinen
Manne gibt?

Der Kaufmann arbeitet durch den Kredit, den er
bei'm Banquier genießt, und durch den Gebrauch des
Wechsels sehr oft mit dem Doppelten des ihm eigenthüm=
lichen Kapitals. Jedenfalls aber macht er sein im Geschäft
arbeitendes Kapital durch den Wechsel 3 Monate oder früher
flüssig, als der kleine Mann. Er kann kraft des kauf=
männischen Brauches, welcher durch die Organisation des
Kredits geheiligt worden ist, zu bestimmter Zeit auf Ein=
gang seiner Ausstände rechnen und kraft des Wechsels
dieselben sofort nach Absendung der Waare flüssig machen.

Vergleiche man dagegen die Lage des Handwerkers,
der keinen kaufmännischen Kredit hat! wie er sich winden
und drehen muß, um das genügende Betriebskapital für
sein Geschäft zu haben, bis es seinen reichen Kunden ge=
fällig ist, die Rechnung zu zahlen. In vielen Gegenden
werden die Rechnungen nur einmal des Jahres bezahlt
und auch nach dieser Frist sind die Reichsten die Säumig=
sten. Wäre es nicht eine Wohlthat für den Handwerker,
wenn er durch eine Kreditorganisation oder ein Kredit=
institut in die Lage versetzt würde, seine Ausstände früher
flüssig zu machen? Durch Ausschließung von der Wechsel=
fähigkeit macht man dieß unmöglich.

Betrachte man doch genau die bevorzugte Stellung,
welche dieselbe dem Kaufmann gibt.

Ein Kaufmann, der 100,000 Fr. in seinem Geschäfte
angelegt, hat 50,000 Fr. Kredit beim Banquier.

Erschöpft er nun diesen Kredit und überweist Wechsel,

die er 3 Monate a dato der Absendung der Waare auf
die Empfänger, seine Kunden und Schuldner, zieht, dem
Banquier als Deckung, so schreibt ihm dieser dieselben
unter Abzug der Zinsen und Provision gut, in den meisten
Fällen, und wenn das Haus viel Vertrauen, d. h. guten
Kredit, genießt, sogar ohne daß sie acceptirt sind. So weit
nun der Betrag dieser Wechsel reicht, kann der Kaufmann
bereits wieder seinen Kredit beim Banquier in Anspruch
nehmen. Freilich müßte er, wenn die Wechsel nicht ein=
gelöst würden, sofort für baare Deckung sorgen. Der
Kredit des Kaufmanns besteht eben darin, daß er das
Vertrauen genießt, keine leichtsinnigen und gewagten Ge=
schäfte zu machen, Wechsel nur zu ziehen, wo er wirkliche
Forderungen hat, und seine Obliegenheiten stets prompt,
wie versprochen, zu erfüllen. Der Geschäftsmann kann es
durch jahrelange Beobachtung solcher strenger Ordnung
und Pünktlichkeit dahin bringen, daß sein Haus weit mehr
Vertrauen genießt, als es Vermögen hat, d. h. er kann
nicht bloß allmälig einen dem Belauf seines Vermögens
entsprechenden Baarkredit genießen, sondern außerdem auch
noch Waarenkredit, so daß Waarenkredit und Baarkredit
zusammen oft den Betrag seines Vermögens übersteigen.
Diese Uebertreibung des Vertrauens kann freilich auch zu
unbesonnenen Spekulationen und beim Eintreten einer
Krisis zu Bankrutten führen, bei denen die Passiven die
Aktiven bedeutend überschreiten. Es hängt eben dabei Alles
von geschickter, tüchtiger, redlicher Leitung der Geschäfte ab.

Jede diesem kaufmännischen Kredit ähnliche Art wäre
dem kleinen Handwerker, Landwirth, Gastwirth, Krämer
für immer verschlossen, wenn die Wechselfähigkeit auf die

Kaufleute eingeschränkt würde; ja sie ist es bereits durch das Bestehen der gesetzlichen Zinstaxe (Wuchergesetz), weil Kreditinstitute und Banquiers, welche jene Kredite gewähren, bei hohem Discontosatz der Geldmärkte zuweilen jene Taxe überschreiten müssen. Es dürften in solchen Fällen auch Volksbanken keine Darleihen bewilligen; und Volksbanken sind es gerade, die wir dem kleinen Geschäftsmann als das sichere Mittel vorschlagen werden, jenen kaufmännischen Kredit sich ebenfalls anzueignen und dadurch auf eine höhere Stufe der Erwerbsthätigkeit sich zu erheben.

Es ist allerdings festzuhalten, daß die bloße Freiheit allein nicht genügt, um die von Natur, Geburt und Erziehung geschaffenen Ungleichheiten zu mildern und dem Armen die Mittel zu bieten, sich emporzuschwingen, — es gehört auch noch dazu die genossenschaftliche Entwicklung, in welcher Einer dem Andern hilft; — wie ja auch die Menschheit im Ganzen nicht die heutige Stufe der Kultur hätte erreichen können, wenn sie nicht Arbeitstheilung und Herstellung großer Werke mit gemeinsamen Mitteln eingeführt, wenn nicht eine Generation mit den Hülfsmitteln der vorhergehenden arbeiten könnte.

Wo aber die Gesetzgebung jene Freiheit der Bewegung versagt, und die besser situirten Klassen den schwer aus der Armuth sich emporringenden Arbeitern, die sich eine selbstständige Stellung durch die genossenschaftliche Selbsthülfe verschaffen wollen, nicht die entsprechende gesetzliche Stellung einräumen wollen, indem große Institute, welche den Reichen dienen, leichter erlaubt werden, als die Anstalten des einfachen Handwerkers, Bauern und Arbeiters; oder wo man gar diesen, jener oben genannten Forderungen gemäß, ihre rechtliche Stellung einschränken wollte, — da hätten sie allerdings Recht, über die Erdrückung des kleinen Mannes durch die Großinbustrie und das große Kapital zu klagen und diesem den Krieg zu erklären, wodurch aber Zustände geschaffen würden, von denen Frankreich ein so grauenvolles Beispiel gegeben hat. — Das Volk käme auf diesem Wege in eine neue Art von Hörigkeit unter eine hartherzige Geldaristokratie.

Wir wollen indessen auch die praktische Unwirksamkeit jener freiheitsfeindlichen Forderungen nachweisen.

VI.

Der Kredit und die gesetzliche Zinstaxe.

Die „Aufrechterhaltung des Wucherverbots und seine Handhabung" ist eine der Forderungen der kürzlich erschienenen Flugschrift „Oeffnet die Augen im Bernerland." Wir wollen uns nicht bei der Frage aufhalten, wie weit es konsequent ist, wenn man Reformen verlangt und doch dabei die Aufrechthaltung mittelalterlicher Gesetze will. Wir werden einfach beweisen, daß eben das Wuchergesetz nothwendig den Zinsfuß steigen macht, dessen Verminderung man doch will. Die Wuchergesetze stammen aus dem Mittelalter und zwar von Rom. Der Papst verbot zuerst das Zinsennehmen überhaupt allen Christen. Die Folge davon war, daß der ganze Geldhandel in die Hände der Juden kam, deren sich insgeheim die Geistlichkeit am allermeisten zu ihren zahlreichen Geldgeschäften bediente. Durch dieses gewissermaßen aufgenöthigte Monopol erwarben die Juden große Reichthümer, welche ihnen wieder grimmen Neid und Plünderung von Seite von Fürsten und Abel zuzogen. Um sich für solche Plünderungen, sowie auch die häufigen Brüche von Zahlungsversprechungen der erhaltenen Darlehn von Seite Mächtiger schadlos zu halten, forderten sie höheren, als den nach der Lage der Dinge natürlichen Zins, d. h. eine Versicherungsprämie über die gewöhnlichen Zinsen hinaus, für die Gefahr des Verlusts.

Als die weltliche Gewalt das Zinsennehmen wieder allgemein erlaubte, setzte sie, wie man in jener Zeit sogar Lebensmittel und Löhne polizeilich zu tariren pflegte, auch ein Maximum des Zinsfußes fest, Uebertretung mit harter Strafe bedrohend. Dieses Verbot hilft entweder gar nichts oder bewirkt das Gegentheil von dem, was es bezweckt, — denn der Zins richtet sich, so gut wie Preis und Lohn, nicht nach der Laune des Gesetzgebers, sondern nach dem Vorrath an Kapital und der Nachfrage nach demselben. Ist großer Vorrath an Kapital in einem bestimmten Geschäftskreise vorhanden, und die Nachfrage ist gering, dann ist der Zins niedrig; ist das Umgekehrte der Fall, dann ist der Zins hoch. Die Ursachen aber, weßhalb Mangel oder Ueberfluß an Kapital, warum große oder geringe Nachfrage, sind so mannigfaltig, wie die politischen und materiellen Verhältnisse der Gesellschaft überhaupt; — diese Ursachen der Schwankungen von Nachfrage und Angebot zu erkennen, erfordert umsichtige Forschung. Der Zins kann gleich hoch stehen, bei diametral entgegengesetzten Verhältnissen, wo das Kapital wenig

Sicherheit genießt, und da wo es volle Sicherheit genießt, wo aber der industrielle Aufschwung nie genug Mittel zu seinen Unternehmungen haben kann, z. B. in der Türkei und in Nordamerika. Er kann gleich niedrig sein aus Mangel an industrieller Anlage, und bei großer geschäftlicher Rührigkeit, wo aber die Kapitalansammlung in großen Dimensionen vor sich geht, wie in Frankfurt und Holland.

Der Zins steigt gleichmäßig, wenn es gefährlich ist zu leihen oder wenn die Geschäfte so gut gehen, daß die Nachfrage der Spekulation nach Kapitalien wächst. In der Schwindelperiode vor der Handelskrisis von 1857 war die Bank von England genöthigt, den Diskonto bis auf 10 % hinaufzuschrauben, um der Spekulation einen Zügel anzulegen. Wäre sie gesetzlich gehindert worden, über 5 % hinauszugehen, so würde die Spekulation sich so überstürzt haben, daß das Geschäft des ganzen Landes in die Krisis verwickelt worden und unter ihr zusammengebrochen wäre, statt nur einige hundert Häuser. Auf der andern Seite steigt der Zins im Krieg und bürgerlichen Unruhen, weil die Kapitalisten ihr Geld in Sicherheit bringen, das Angebot also rarer wird.

Wollte man, zumal in einem kleinen Lande, in einem solchen Fall, wo der wirthschaftliche Zins die gesetzliche Taxe überschreiten muß, die gesetzliche Festsetzung der Zinstaxe mit der äußersten Strenge handhaben, so würde man gar nichts anderes damit erreichen, als daß man nicht bloß alles auswärtige Kapital abschreckte, sondern auch noch das eigene aus dem Lande triebe, und daß die Leute erst recht gar kein Geld erhielten.

Die Höhe des Zinses richtet sich nämlich, wenn wir das Gesetz von Nachfrage und Angebot in den Hauptzügen analysiren:

1) nach dem Vorrath an Kapital;
2) nach dem Bedarf an Kapital;
3) nach der größern oder geringeren Gefahr, welcher das Kapital beim Darleihen ausgesetzt ist — also nach der Sicherheit;
4) nach der Bequemlichkeit des Zinsenbezuges.

Unter dem Einflusse dieser Verhältnisse schwankt z. B. der Wechselbiskonto zuweilen im Verlauf desselben Jahres an demselben Platz von 3 bis 12 Prozent. In London stand der Diskonto am 9. November 1857 auf 10 % und am 12. November wurde die Bank von England zur Suspension der Peelsakte genöthigt, um noch mehr Noten zur Diskontirung ausgeben zu können, — so sehr stieg trotzdem die Nachfrage, — während bereits 4 Monate darauf, im Frühjahr 1858, der Diskontosatz wieder auf 3 %, und bei den Privatbiskonteuren sogar auf 2¼ % herabgesunken war. In Hamburg schwankte der Diskonto im Jahre 1857 zwischen 3 und 12 %. Solche kolossale Schwankungen hängen mit dem Großhandel und der Spekulation zusammen, deren Operationen näher zu erörtern uns hier zu weit führen würde.

Sprechen wir von dem Zinssatze außer dem Handelsverkehr und den Finanzoperationen.

Wenn bei der Anlage eines Kapitals unter den günstigsten Umständen, d. h. eines hypothekarischen Darlehens, der übliche Zinssatz schon 4—5 % ist, so ist es reiner Widersinn, wenn das Gesetz die Taxe unter allen Umstänben auf 5% festsetzt; denn wie soll dann Jemand sich entschließen, Kapital bei ungünstigeren Umständen, d. h. bei geringerer Sicherheit des Kapitals und unregelmäßigem und unbequemem Zinsenbezug, herzuleihen. Für alle weniger sicheren Fälle ist dann kein Kapital vorhanden. Dieses wird dann lieber in Staatsobligationen, Eisenbahnaktien und andern industriellen Papieren angelegt, oder es geht einfach aus dem Lande.

Das Kapital aber, welches nicht aus dem Lande geht, übertritt oder umgeht das Gesetz, denn gegen die Natur der Dinge läßt sich nicht aufkommen. Sobald hypothekarische Darlehen mit dem Maximum der Zinstare verzinst werden, dann müssen die Zinsen der andern je nach der Stufenleiter ihrer Sicherheit mehr oder weniger steigen. Denn zu dem gesetzlichen Zinsfuß von 5% kommt noch eine Versicherungsprämie gegen die Gefahr des Verlustes des ganzen oder eines Theils des Kapitals. Verbietet das Gesetz, diese Prämie zu nehmen, so wird dasselbe auf geraden oder krummen Wegen umgangen. Der üblichste ist die Verschreibung einer höheren Summe, als man wirklich erhielt. Jetzt erst sind wir beim Wucher angelangt, den aber das Gesetz selbst erzeugt. Und nun steigen die Zinsen viel höher, als sie bei voller Freiheit gestiegen wären. Denn jetzt kommt zu dem gesetzlichen Zinsfuß von 5% nicht bloß die Versicherungsprämie für die Gefahr, welche das Kapital läuft, sondern auch die Versicherungsprämie für die persönliche Gefahr, welcher der Kapitalist sich durch die Uebertretung des Gesetzes aussetzt, indem er jene zur Erhaltung seines Kapitals nothwendige Prämie nimmt. Es kommt dazu auch noch Schmerzensgeld

für den Verlust des guten Namens, welchen Gesetzesüber=
tretung auf Schleichwegen mit sich bringt, und dieses
Schmerzensgeld ist oft höher als aller Zins. Es kommt
hinzu, daß alle ehrlichen Leute von diesem Handel ausge=
schlossen sind, der dann in Händen von gewissenlosen
Menschen zu den ärgsten Mißbräuchen führt. Daher hat
ja auch die Erfahrung in hunderten von Kriminalpro=
zessen gelehrt, daß Zinsnahme von 100% bei Wucherern
etwas ganz Gewöhnliches ist. Ist doch der nassauische
Minister Werren, das jetzige Haupt der Reaktion in diesem
Lande, in gerichtlicher Untersuchung überführt worden,
108% Zinsen genommen zu haben, eine Untersuchung,
die freilich vor dem Straferkenntniß auf höheren Befehl
niedergeschlagen wurde.

Besteht hingegen kein Zinswuchergesetz, so fällt die
Anrüchigkeit weg, welche an dem Geldgeschäfte hängt; auch
die ehrlichen Leute können sich damit befassen und der Zins
kann seine normale Höhe dann nicht überschreiten.

Der Wucher wird durch das Wuchergesetz erst geschaf=
fen. Was hat es bis jetzt genützt? Nichts. Das hat man
in England, Amerika, Belgien und in den meisten deutschen
Ländern, in Würtemberg schon seit 1847, eingesehen und
das Gesetz abgeschafft.

VII.

Zinsſatz und Währung.

Es gibt noch eine andere ſekundäre Urſache, welche auf das Steigen des Diskonto einwirkt. Die Schweiz iſt durch die Annahme des neuen Münzſyſtemes und durch die von ſelbſt aufgedrungene Goldwährung in innigere Beziehungen zum franzöſiſchen Geldmarkte gekommen. Sie theilt den Vortheil der franzöſiſchen Geſchäftswelt, wenn der Diskonto an der Pariſer Börſe niedriger ſteht, als an andern europäiſchen Plätzen; ſie muß aber auch den Nachtheil tragen, wenn die Bank von Frankreich den Diskonto erhöht. Denn franzöſiſche Geſchäftsleute können, wenn der Zinsſatz in der Schweiz niedriger ſteht, ſich leicht Geldſendungen machen laſſen. Die Banken ändern an dieſem Umſtande gar nichts, denn an ihrer Stelle würden Banquiers den Geldverkehr vermitteln. Es iſt nämlich wohl zu beachten, daß derjenige Theil des Kapitals, welcher in Geld dargeſtellt iſt, vorzugsweiſe an den Börſen, Geldmärkten, bei Banken und Banquiers zirkulirt und zum Umſatz angehäuft wird, ſo daß das Geld in kurzen Perioden, als Theil, oft ſo großen Einfluß auf den Diskonto ausübt, als das Kapital im Allgemeinen. Eine der Haupturſachen, warum der Zinsſatz in Frankfurt a. M. bei ſteigendem Diskonto ſtets etwas niedriger iſt, als auf den andern Börſen, liegt in der verſchiedenen Währung — in der Silberwährung. Erſtlich geſtattet das Silber nicht ſo leicht den Transport, weil es 14 Mal ſchwerer iſt, als Gold, und zweitens werden die deutſchen Silbermünzen auf ben andern Börfen nicht angenommen. Beſtünde in Frankfurt und Süddeutſchland das franzöſiſche Münzſyſtem und die Golbwährung, ſo würde der Diskonto ſich mit Paris nahezu ausgleichen: er würde bei ſteigender Richtung in Frankfurt um etwa 1% höher ſtehen, als es jetzt der Fall zu ſein pflegt. Die Schweiz würde daher, ſobald der Diskonto in Paris und auf dem Weltmarkt ſteigt, unzweifelhaft billigeren Zinsſatz genießen, wenn ſ. Z. der St. Galler Antrag auf Einführung der Gulden= und Silberwährung durchgegangen wäre; hingegen würde ſie den Vortheil nicht genießen, welchen ſie jetzt genießt, wenn der Diskonto in Frankreich bedeutend ſinkt.

Die Genfer Bank, welche eine Filiale in London hat, muß natürlich allen Schwankungen des Londoner Geld=marktes folgen.

Als während der Handelskriſis von 1857 das fran=zöſiſche Silbergeld in Frankfurt a. M. als gültig zu Wechſelzahlungen erklärt wurde, beſtand in einiger Zeit darauf und vor Wiederaufhebung jener Verordnung in verſchiedenen Monaten der geſammte Baarvorrath der Bank im Betrag von 14 Millionen Gulden oder 30 Millionen Franken bloß aus Fünffrankenthalern. Während derſelben Zeit mußte die Bank von Frankreich Silber für hohes Agio aufkaufen. Einen beſſern Beweis für unſere Behaup=tung gibt es nicht.

Wann und wo Disconto= und Zettelbanken nicht exiſtiren, ſind Banquiers und Wechſler an ihrer Stelle und am Zinsfuß wird dadurch nichts geändert.

Wenn nun aber gar der Eibgenöffiſchen oder einer andern Bank zum Vorwurf gemacht würde, ſie habe frembes

Geld in's Land gezogen, so ist uns etwas so Wunder=
liches noch nicht vorgekommen. Wo stünde man jetzt mit
dem Eisenbahnbau, wenn nicht fremdes Geld mit bazu=
gezogen worden wäre? Wäre Nordamerika im Stande
gewesen eine Eisenbahnnetz zu bauen, welches das von
ganz Europa nahezu erreicht, wenn nicht ungefähr 3000
Millionen Franken deutscher und englischer Kapitalien dort
angelegt wären? Käme nur recht viel „fremdes Geld"
in die Schweiz, dann könnten die zahllosen brach liegenden
Wassertriebkräfte an der Aare, Rhone, Reuß, am Rhein,
Tessin u. s. w. völlig ausgenutzt werden! Anderswo haben
die Oekonomisten mit der vom Merkantilsystem verbreite=
ten Klage zu kämpfen: „Wehe, das Geld geht aus dem
Lande!" Man denkt dabei nicht daran, daß das Geld
schon aus dem Lande gehen darf, wenn recht viel Gegen=
werth dafür herein kommt. Anders ist es mit dem Kapital,
welches zu irgend einer Anlage in ein anderes Land geht.
Da hätte wohl das exportirende Land zu klagen, weil es
höchstens die Zinsen wiedersieht, aber das Land, wo das
Kapital angelegt wurde, sicher nicht, weil es dem Gewerbs=
fleiße neue Nahrung zuführte.

Wie man überhaupt in einem Athem „einerseits über
Geldmangel und hohen Zinsfuß und anderseits über das
Einführen fremden Geldes Klage führen kann," das geht
über unser Begriffsvermögen.

———

VIII.

Der Zinsfuß und die Banken.

Unter den Einrichtungen zur Organisation und Erleichterung des Kredits muß man dreierlei Art unterscheiden:

1) Den individuellen Geschäftsverkehr mit den Banquiers.
Diese ist stets die bequemste und dehnbarste Art des
Kredits, doch ist sie mehr von persönlichem Befinden
und Willkür abhängig, als von gesetzlichen Regle-
menten.

2) Die Banken.

3) Die Kredit-Genossenschaften, Vorschußkassen und
Volksbanken, oder unter welchen verschiedenen Namen
diese Associationen bestehen.

Die Genossenschaften unterscheiden sich im Wesentlichen
dadurch von den Banken, daß sie in der Regel nur ihren
Mitgliedern Darlehen geben und ihnen eine größere Verantwortlichkeit auferlegen, als die Aktionäre einer Bank
tragen. Von den Genossenschaften wird weiter unten die
Rede sein. Wir haben es zunächst mit den Banken zu
thun.

Im Bankwesen muß man sehr genau von einander
halten:

a. Banken für den Bodenkredit, Hypothekenbanken;

b. Banken für den Personalkredit, Diskonto- und Zettelbanken, und

c. Banken für die Spekulation, Kreditanstalten.

Die zwei ersten und die zwei letzten können niemals

ohne Schaden mit einander vereinigt sein. Die letzten halten wir überhaupt vom Uebel.

Diskonto= und Notenbanken sind in der Schweiz nichts Neues; es bestehen solche zur großen Erleichterung des Publikums und zwar als Privatanstalten seit mehr als einer Generation in St. Gallen, Zürich, Basel u. s. w. Erst mit der Schwindelperiode, welche die Gründung des Pariser Crédit mobilier eröffnete, bürgerten sich auch die Mobi= liar=Kreditanstalten in der Schweiz ein.

Diese Anstalten haben überall, wo sie gegründet wur= den, nur zum Nachtheil des Publikums gewirkt. Wir sind bereit, wenn es gewünscht wird, ihre unheilvolle Wirksam= keit durch authentische Belege zu beweisen, wollen aber hier ihre Mißbräuche nur summarisch aufzählen.

a. Die Mobiliar=Kreditanstalten.

Die durch die Kreditanstalten hervorgerufenen Miß= verhältnisse sind hauptsächlich folgende:

Die Kreditanstalten oder ihre Gründer stützten sich schon bei Errichtung derselben auf die schlimmsten Leiden= schaften der Menschen, die Sucht, schnell reich zu werden, auf das Börsenspiel und die Agiotage. Bei vielen Kredit= anstalten fing das Uebel schon bei der Konzessionserlangung an. Um ein Beispiel aus vielen, und zwar ein entferntes, herauszugreifen, denn nomina sunt odiosa, führen wir nur die Darmstädter Kreditanstalt an. Bei derselben wur= den nicht bloß bedeutende Gründungskosten angerechnet, welche unter die Ermittler der Konzession vertheilt wur= den, sondern die Gründer behielten sich auch noch einen namhaften Theil der Aktien zum Pari=Preise vor, bestachen mehrere Börsenzeitungen, welche über die betreffende Kredit= anstalt, als ein Zaubermittel, reich zu werden, in die Posaune stießen, trieben dadurch und mittelst aller mög= lichen Börsenmanöver das damals vom Goldfieber geplagte Publikum so in die Hitze, daß die Aktien bis auf 60% über Pari stiegen, zu welchem Preise dann die Gründer ihre Pari=Aktien verwertheten und die Aktionäre in der Patsche stecken ließen.

Lockende Versprechungen ungeheuern Gewinnes ver= leiteten das Publikum, seine Ersparnisse aus ihren sonstigen Anlagen zurückzuziehen, wo sie Gewerbe, Industrie und Handel zu speisen pflegten, und sie in Aktien der Kredit= anstalten anzulegen. Der Zudrang des Publikums setzte die Gründer in den Stand, neue Aktienemissionen vorzu= nehmen, bei denen sie sich stets Pari=Aktien vorbehielten, welche sie verkauften, sobald der Kurs durch alle möglichen Mittel in die Höhe getrieben war. So hat die genannte Darmstädter Bank allein drei Aktienemissionen, im Ganzen bis 50 Mill. Gulden, in den ersten Jahren beschlossen, während sie noch gar keine Kundschaft hatte; und außer= dem wurde von denselben Gründern noch eine Zettelbank mit 20 Mill. Gulden gegründet, bloß um natürlich das Agio zu genießen. Man machte damals in Banken, wie in Revalenta arabica und Hoff'schem Malzextrakt.

Die Folgen blieben nicht aus. Da Kundschaft, wie in jedem Geschäfte, auch bei einer Bank nur nach jahre= langen Bemühungen erobert werden kann, so wurde, um die kolossalen Kapitalien, welche dem Verkehr und gerade dem kleinen Handwerker und Landwirth entzogen worden waren, nur zu beschäftigen, zum Börsenspiel gegriffen, es wurden faule Unternehmungen aufgekauft oder unter Protektion der Banken in Aktiengesellschaften verwandelt, welche meist früher oder später Bankerott machten.

Die Aktien der Kreditanstalten sind natürlich jetzt, nach 8—9 Jahren, weit unter Pari gesunken; der großen Industrie wurde nicht geholfen, sondern meist nur faule Unternehmungen unterstützt, welche keine Zukunft hatten und größtentheils bereits zu Grunde gegangen sind; das Geld dafür aber war dem kleinen Verkehr entzogen worden, welcher mit den Aktionären den Schaden trug, während die Gründer ihre Schäfchen längst in's Trockene gebracht hatten.

Wenn es bei den schweizerischen Kreditanstalten auch nicht so schlimm hergegangen ist, wie bei der Darmstädter Bank und andern auswärtigen, weil das Publikum mehr daran gewöhnt ist, selbst zu prüfen; wenn auch ein Theil des für diese Kreditanstalten aufgebrachten Kapitals aus dem Auslande gekommen ist, — so läßt sich doch auch von ihnen, gelinde gesagt, der Vorwurf nicht abwehren, daß sie wenigstens zum Theil inländische Kapitalien aufgesogen und zum Theil in schlechte Unternehmungen des Auslandes gesteckt haben, welche sonst dem inländischen Gewerbsfleiß zu gut gekommen wären. Wir wollen diesen Gegenstand hier nicht weiter verfolgen, stehen aber zu jedem nähern Beweise bereit.

Eines können wir mit Bestimmtheit aus dem Gesagten folgern: daß die Regierung des Kantons Bern keine Konzession zu einer Kreditanstalt, am allerwenigsten in

Verbindung mit einer Notenbank, hätte ertheilen sollen. Dieß ist gerade die allergefährlichste Form, welche einer Bank gegeben werden kann. Das Beispiel der Genfer Bank hätte davor abschrecken sollen. In andern Staaten hat man diese Combination selbst in der Blüthezeit des Schwindels nicht gewagt. Die Gründe sind leicht zu begreifen. Eine Zettelbank muß zur Einlösung ihrer Noten und zur Rückzahlung der bei ihr hinterlegten Depositen nicht bloß einen starken Baarfond vorräthig haben, sondern auch ihre sämmtlichen Fonds stets auf kurze Zeit disponibel und flüssig halten. Eine Kreditanstalt aber, die sich in Spekulationen einläßt, ihre Fonds in guten oder schlechten Fabriken, Eisenbahnen oder andern Unternehmungen festnagelt, ist nicht sicher, ob ihr Baarvorrath stets zur Einlösung genügt; sie muß bei dem ersten Rennen auf die Bank zusammenbrechen. Schon ganz feste Etablissements mit bestimmt vorgezeichnetem Zwecke gedeihen besser in Händen von Privaten, als von Aktiengesellschaften. Spekulationen können aber niemals durch Aktiengesellschaften gedeihlich unternommen werden. Auch dafür bieten wir den Beweis an. Es zeugt daher von Einlenken in bessere Bahnen, daß die Eidgenössische Bank eine Selbstbeschränkung der in dieser Hinsicht durch ihre Konzession ihr eingeräumten Befugnisse auf eigenen Antrieb in der letzten Generalversammlung beschlossen hat und sich allmälig auf das Diskontogeschäft beschränken will.

Beim Crédit mobilier in Paris kommt das Prognostikon, das die Volkswirthschaft den Mobiliarkreditanstalten stellte, bereits zu Tage.

Eine Reihe von Jahren hindurch hat die Administration des Crédit mobilier im Monat Dezember jeden

Jahres alle Segel aufgespannt, um den Cours der Aktien in die Höhe zu treiben und am letzten Dezember eine günstige Jahresbilanz ziehen zu können. Da wurden einmal — wenn wir nicht sehr irren — bis zu 14 % Dividenden ausgerechnet. Nach dem 1. Januar des folgenden Jahres reffte man die Segel wieder ein und der Cours sank wieder um so viel, als er künstlich hinaufgeschraubt war. Man hatte die Aktionäre über den Stand der Dinge getäuscht, eine falsche Bilanz gemacht, Dividenden vom Kapital bezahlt. Nachdem nun Börse und Publikum gewitzigt sind und das süße Locken der Vogelsteller nichts mehr hilft, kommt die wahre Lage an Tag. Der Gewinn pro 1864 beträgt nur 2,199,624 Fr., so daß ohne Heranziehung des Reservefonds der Vorjahre mit 5,688,583 Fr. nur $3^2/_3$ % Zinsen hätten vertheilt werden können.

Betrachtet man aber überdieß die Bilanz näher, so sieht es noch schlimmer aus. Der Crédit mobilier schuldet im Contocurrent 95 Millionen, für Wechsel 7 Millionen; er hat also für 102,169,820 Fr. täglich fälliger Verbindlichkeiten. Diesen Engagements stehen nur 38 Millionen bei der Bank, 24 Millionen Effekten und die verschiedenen Aktiengesellschaften (Rivoli, Transatlantiques u. s. w.) gemachten Vorschüsse von 80 Millionen, welche weder sicher noch leicht zu liquidiren sind, gegenüber. Unter solchen Umständen könnte der Crédit mobilier einer Krisis nicht widerstehen. Das hat man also davon, daß das Kapital künstlich aus den Geschäften gelockt wurde, um den Crédit mobilier zu speisen, der, um es zu beschäftigen, riskirte und faule Unternehmungen machte, und überhaupt schlechter wirthschaftete, als der Privatmann.

In die Komik artete das Spiel an der Frankfurter
Börse aus. Die Gründer der Darmstädter Kreditanstalt
hatten, um in der Zeit des Schwindels, wo das Publikum
sich goldene Berge von den Kreditanstalten versprach, den
Rahm abzuschöpfen und die für sich reservirten Pari-Aktien
vortheilhaft zu verwerthen, so lange in Folge jener günstigen Stimmung und sonstiger Manöver in der Presse u. s. w.
der Cours stieg, nicht bloß eine zweite Aktien-Emission durch-
gesetzt, sondern sogar eine dritte beschließen lassen. Da das
Kapital der ersten noch nicht einmal beschäftigt werden konnte,
sondern zum Theil in Börseneffekten angelegt wurde, verschoben
sie die wirkliche Emission und begnügten sich, Berechtigungsscheine zum Bezug dieser künftigen Aktien dritter Emission
auszugeben. Diese Berechtigungsscheine (nach Law's Vor-
gang von der Baisse-Partei „Darmstädter Enkel" genannt)
hatten gleich einen Cours von 50 Gulden, — einmal
stiegen sie in Folge von Börsenmanövern bis 120 Gulden.
Jetzt kommt aber die Anomalie: sie standen noch auf 50,
als die Aktien selbst, auf deren künftigen Bezug sie nur
ein Anrecht geben sollten, bereits unter Pari gesunken
waren! Die Gründer waren so schlau gewesen, die „Enkel
einzusperren", als die in diesem Falle vollständig rationell
handelnde Baissepartie sie auf Zeit verkaufte.

b. Diskontobanken.

Zugegeben also, daß die Kreditanstalten das Kapital
aus besseren Anlagen gelockt und in schlechtere verwendet
haben, das Geld unter dem Gewerbtreibenden und Land-

wirthen rarer, den Kredit schwerer gemacht und dadurch zur
Erhöhung des Zinses beigetragen haben, so läßt sich der
gleiche Vorwurf nicht den Diskontobanken machen, wenigstens
nicht mit demselben Rechte. Die Zettelbanken vermindern
nicht die Umlaufsmittel, sondern vermehren sie um gerade
so viel, als die zirkulirenden Banknoten den Baarvorrath
übersteigen. Nun wissen wir recht gut, daß Umlaufsmittel
und Geld an und für sich noch nicht das Kapital sind,
sondern nur ein kleiner Theil desselben, weil Jeder, der
Kapital borgt, es immer gleich in Dasjenige verwandelt,
was er braucht, in eine Eisenbahn, in ein Haus, in Vieh,
in Heu, während das Geld in diesem Falle nur Tausch-
mittel und Repräsentant ist; allein um jenen Ueberschuß
der zirkulirenden Banknoten über den Baarvorrath wird
es doch vermehrt, und dieß beträgt auch in der Schweiz
Millionen.

Wenn gar in einem Blatte gefragt wurde: „Wie
kann man einem Privatinstitute (wie der Eidgenössischen
Bank) die Emission von Banknoten erlauben, ihm ein
Privilegium einräumen, das bisher nur Staatsbanken
zustand, — ein Privilegium, das in das Münzregal hinein-
streife," — so ist darauf zu erwiedern, daß diese Fragen
sehr komisch sind. Einerseits gibt es seit langer Zeit
in England, Schottland, Amerika, Deutschland und
selbst in der Schweiz (Zürich, St. Gallen), was doch bekannt genug sein sollte, Privatnotenbanken; andererseits
sind Banknoten, weil sie jederzeit bei Vorzeigung an der Bank
gegen Baar ausgelöst werden müssen, Schuldscheine au porteur und haben mit dem Münzregal nichts zu thun. Man
durfte, um volkswirthschaftlich zu handeln, der Eidgenössischen

Bank nicht die Rechte einer Mobiliar-Kreditanstalt neben der Notenemission zugleich einräumen; allein als einer Privat-Diskontobank dürfte man ihr letzteres Recht unbedenklich gestatten.

Auf der andern Seite aber geben wir allerdings zu, daß die Diskontobanken dazu beitragen, den Zins auf größere Distanzen hin auszugleichen; daß also, wenn ein Theil eines Landes, der sehr industriell ist und große Unternehmungen macht, viel Kapital braucht, während ein anderer weniger, in jenem der Zins steigt; und daß dann der erleichterte Geldverkehr durch die Bank auch den Zins in der mehr ackerbautreibenden Gegend steigen macht. Es ist richtig, daß deßhalb die mehr ackerbautreibenden Kantone der Schweiz höheren Zins zahlen müssen, wenn der Zinsfuß in Zürich und auf den auswärtigen Geldmärkten steigt. Allein die Ackerbaukantone dürfen auch nicht vergessen, daß die Ausfuhr der Schweiz über 500 Mill. Franken an Werth erreicht und daß man eine Menge guter Dinge nicht einführen, namentlich auch eine Menge Arbeiter in den viehzuchttreibenden Kantonen von St. Gallen und Appenzell nicht ernähren könnte, daß überhaupt die Schweiz aus einem wohlhabenden ein armes Land würde, wenn sie nicht diesen kolossalen Export von selbstverfertigten Waaren hätte. Wenn nun die Fabrikanten durch die amerikanischen Wirren verhindert worden sind, ihre Ausstände richtig einzuziehen — denn durch die übertriebene Ausgabe von Papiergeld in Amerika stieg das Goldagio bis über das Doppelte, während das gesetzliche Zahlmittel Papier war; Jeder ließ also seine Ausstände unerhoben in Hoffnung baldiger Besserung, — wenn dadurch, um sich zu helfen, das Geldbedürfniß im Lande und in Folge dessen der Zinsfuß stieg, wenn darunter auch die Landbevölkerung leidet, so sind deßhalb nicht die Diskontobanken anzuklagen. Die Landwirthe müssen aber die Folgen der allgemeinen Kamalitäten mittragen helfen; sie würden sogar patriotisch handeln, wenn sie mit den Fabrikanten zusammenträten, um die Mittel und Wege zu berathen, durch welche das Uebel gemildert und dessen Folgen minder gefährlich gemacht werden können. Am Gedeihen des schweizerischen Gewerbefleißes haben Alle ein fast gleiches Interesse.

c. Hypothekenbanken.

Auch Hypothekenbanken dürfen nicht mit Diskontobanken vereinigt werden oder müssen wenigstens eine vollständig getrennte Verwaltung finden, weil die letztern, wie gesagt, ihre Fonds in kurzer Zeit eintreiben, während jene sie auf 10, 20, 30, 40 Jahre hin ausleihen und, wo sie richtig organisirt, erst durch Amortisation zurückerhalten.

Wenn nun kürzlich auf der einen Seite der Vorschlag gemacht worden ist, die Hypothekenkasse solle Banknoten ausgeben, so beruht dieß auf einem völligen Verkennen des Wesens einer Hypothekenbank. Eine Hypothekenbank, welche als solche Banknoten ausgibt, muß bankerott werden, weil sie keinen genügenden Baarfond disponibel hat, um die Banknoten auf Präsentation einzulösen. Die Kantonalbank hingegen als Diskontobank kann Banknoten ausgeben; indessen ist dieß immer ein gefährlich und verlockend Geschäft für eine Staatsbank.

Auf der andern Seite wird verlangt, man solle die Kantonalbank und Hypothekenkasse speisen und reorganisiren. Wir antworten darauf, daß sie sich von selbst speisen, wenn sie reorganisirt, d. h. keine Staatsinstitute mehr sind.

Hypotheken und Diskontobanken müssen sich, nachdem sie einmal mit einem gewissen Grundkapital bei ihrer Errichtung dotirt sind, von selbst speisen — durch das Vertrauen des Publikums. Zu Staatsanstalten, welche durch jeden Umschlag im politischen Wetter links oder rechts beeinflußt und in ihren Operationen gestört werden können, in deren Verwaltung der Staat häufig unbefugt Eingriff oder Einfluß übt, faßt das Publikum in der Regel wenig Vertrauen und legt seine Ersparnisse da weniger an, als in Privatanstalten. Wir brauchen als Beispiel nur die österreichische Nationalbank und den Stand der Valuta in Oesterreich anzuführen, welche mit ihren enormen Schwankungen die Preise erhöhte und das Geschäftsleben außerordentlich lähmte. Bei Privatbanken soll das Grundkapital eigentlich nur als Sicherheit dienen; das Geschäft muß, wenn Alles in Ordnung ist, mittelst der Darlehen des Publikums, d. h. bei Diskontobanken mittelst der Depositen, und bei Hypothekenbanken mittelst der Obligationen gemacht werden. Allein Staatshypothekenbanken gibt man nicht so gerne Darlehen, als Privatanstalten.

Warum will man nicht andere rühmliche Beispiele, die in der Schweiz gegeben sind, nachahmen?

Der Kanton Neuenburg besitzt seit Ende 1863 eine Privathypothekenbank, die vortreffliche Dienste leistet.

Wir entnehmen dem kürzlich ausgegebenen Jahres=
berichte der erwähnten Neuenburger Hypothekenbank Auf=
schlüsse, welche weitere Verbreitung verdienen.

Wie wir früher angedeutet, dient bei der Neuenburger
Hypothekenbank das Grundkapital von 2,000,000 Fr.
gewissermaßen nur als Sicherheit. Darauf dürfen für
5,000,000 Fr. Obligationen ausgegeben werden, bis eine
neue Aktienemission nach den Statuten erfordert wird.

Ueber diese Obligationen oder Pfandbriefe drückt sich
der Rechenschaftsbericht vom 26. Januar 1865 sehr sach=
verständig, wie folgt, aus:

„Die Gründung einer Anstalt für den Bodenkredit
in Neuenburg hat ein neues Werthpapier geschaffen —
die Grundobligationen (obligations - foncières) oder
Pfandbriefe, deren in Deutschland, Frankreich, Belgien
und Holland für 2 Milliarden Franken im Umlauf sind.
Der Geschäftsgang ist dabei folgender: Ein Grundeigen=
thümer verlangt ein Darlehen auf hypothekarisches Unter=
pfand seiner Immobilien oder eines Theiles derselben,
deren Verkaufspreis in der Regel den Belauf des Darlehens
um 30 bis 50 % übersteigen muß, je nach der Güte des
Unterpfandes und der Amortisationsrate. Die Direktion
der Hypothekenbank prüft genau die Besitztitel des Dar=
lehnsuchers und ermittelt den Werth des Gutes. Ueber
diese beiden Punkte unterrichtet, streckt sie die Summe vor,
welche sie auf das Unterpfand herleihen zu können glaubt.
Die Rückzahlung geschieht in jährlichen Ratenzahlungen.
Für einen dem Betrag des Darlehens angemessenen Gegen=
werth emittirt die Bank sodann Pfandbriefe; durch
Emittirung dieser Pfandbriefe verpflichtet sich die Gesellschaft

den Inhabern regelmäßig die Zinsen zu zahlen und das Kapital in einer voraus bestimmten Frist zurückzuerstatten, resp. die Pfandbriefe in bestimmter Zeit wieder einzulösen. Jene Zinsen erhält die Bank vom Hypothekenschuldner, das Kapital aber am Ende eines jeden Jahres in Gestalt der Annuität, welche von diesem zur allmäligen Tilgung der Pfandschuld abgetragen wird." Diese Einrichtung der ratenweisen Amortisation der Hypothekenschulden, wobei die meisten Banken den Schuldnern auch ausnahmsweise größere Zahlungen gestatten oder zuweilen Fristerleichterungen bewilligen, ist eine der größten Wohlthaten für den Landwirth, weil er sich allmälig, und fast ohne es zu merken und ohne ein Opfer sich aufzuerlegen, schuldenfrei machen kann.

Es gibt also nichts Einfacheres, als die Natur des Pfandbriefes. Als Hauptwerkzeuge des Bodenkredites bieten die Pfandbriefe der Bank dieselbe hypothekarische Sicherheit, als die einfachen Privat-Hypothekenbriefe, von denen sie nur der Gegenwerth in Bruchtheilsgestalt sind. Wenn sie auf der einen Seite nicht das oft unbequeme Vorrecht einer Spezial-Hypothek auf dieses oder jene bestimmte Grundstück oder Haus haben, so besitzen sie auf der andern Seite den ungeheuern Vortheil, garantirt zu sein durch die ganze Masse der der Bank verpfändeten Grundstücke, sowie durch das Gesellschaftskapital. Es ist damit die Collektiv-Sicherheit an Stelle der Sicherheit gegeben, welche die einzelne Hypothek gewährt. Durch die Pfandbriefe wird der Hypothekarvertrag mobilisirt, indem er getheilt wird. Ursprünglich bloße Pfandurkunden, werden die Pfandbriefe mobil durch das Kreditinstitut, welches sie emittirt; sie haben alle Vortheile der mobilen Werthpapiere mit weit größerer Sicherheit.

Die Neuenburger Hypothekenbank gibt drei Arten von Pfandbriefen aus:

1) Obligationen auf den Namen ausgestellt, zum Betrage von wenigstens 500 Fr., zu 4% jährlich verzinslich, rückzahlbar nach dem ersten Jahr auf Verlangen des Gläubigers mit 6monatlicher Kündigung, so wie nach dem zweiten, dritten, vierten und fünften Jahre.

2) Obligationen auf den Namen ausgestellt, zum Betrage von wenigstens 500 Fr., zu 4% halbjährlich zahlbaren Zinsen und rückzahlbar nach dem sechsten, siebenten, achten, neunten und zehnten Jahre auf Verlangen des Gläubigers.

3) Obligationen auf den Inhaber (au porteur) von 1000 Fr., zu 4$\frac{1}{2}$% jährlich verzinslich und rückzahlbar nach dem 15. Jahre.

Die Neuenburger Hypothekenbank gibt stets etwas weniger Obligationen aus, als sie Darlehen gibt, indem sie ihr Grundkapital noch mit in Anspruch nimmt.

Die Vortheile, welche Pfandbriefe vor Staatsobligationen, Eisenbahnaktien und andern industriellen Papieren dem Kapitalisten darbieten, sind:

1) Sichere Anlage. Die Pfandbriefe sind den Schwankungen der Spekulation und der finanziellen Krisen nicht ausgesetzt, sondern von den doppelten Sicherheiten des Kollektiv-Unterpfandes und des Bankkapitals gedeckt.

2) Eine Rente, welche der aus den sicherſten Anlagen anderer Art mindeſtens gleichkommt.

3) Regelmäßige Zinszahlung.

4) Leichter Umſatz des Kapitals im Falle des Bedürf=
niſſes, während gewöhnliche Hypothekenbriefe erſt
gekündigt werden müſſen.

5) Gewißheit der vollen Rückzahlung der Schuldurkunde
nach Ablauf des Termins, während bei gewöhnlichen
Hypothekenſchulden in Zeiten der Kriſis und im
Falle von Zwangsverſteigerungen zuweilen nicht der
Schätzungswerth herauskommt.

Allerdings werden die Pfandbriefe, da ſie keine Spe=
kulationspapiere ſind, von ſolchen Kapitaliſten nicht geſucht,
welche raſch große Gewinnſte machen wollen, ohne ſich viel
um die Sicherheit der Anlage zu kümmern; noch weniger
von Solchen, welche dem Börſenſpiel ſich hingeben. Allein
ſie ſind die ſolideſten Werthpapiere für Stiftungen, Kura=
telen, kommunale oder ſonſtige geſellſchaftliche Vermögens=
anlagen, für alle Diejenigen, welche ſonſt auf Hypothek
ausleihen würden, für Alle, welche ſparen und eine ſichere
Anlage mit regelmäßigem Zinſenbezug wünſchen. Sie ſind
die allerſolideſte Form einer Sparkaſſe, weil ſie zugleich
den Landmann in Stand ſetzen, ſich ſchuldenfrei zu machen,
und dadurch ein koloſſales neues Kapital ſchaffen, welches
für die Induſtrie zum Vortheil des ganzen Volkes verfüg=
bar wird. Daher fehlt es den Privat=Hypothekenbanken
ſelten an Kapital.

Die zweckmäßige Einrichtung der Neuenburger Hypo=
thekenbank hat dieſelbe in Stand geſetzt, in dem einzigen
Jahre ihres Beſtehens für 2,092,705 Fr. Pfandbriefe in

Umlauf zu setzen, trotzdem daß die in Folge des amerika=
nischen Krieges eingetretene Finanzkrisis der Ausdehnung
des Geschäftes wesentlich im Wege stand.

Einer Staats=Hypothekenbank steht das Kapital nicht
in derselben Weise zur Verfügung. Auch ist die Gefahr
vorhanden, daß der Staat Geld theurer aufnehmen muß,
als er es herleiht, und daß dann Einzelne auf Kosten der
Steuerzahler begünstigt werden, was ein kommunistischer
Grundsatz ist, welcher am wenigsten in einem demokratischen
Gemeinwesen Platz greifen darf.

Ueberall, wohin wir blicken, sehen wir nur Heil von
der Selbsthülfe, nicht von der Staatshülfe. Uebrigens ist
es leicht, die Fehler der Staatskreditinstitute an zahlreichen
Beispielen näher nachzuweisen. Dagegen gedeihen die zahl=
reichen Privat=Hypothekenbanken, welche in andern Kan=
tonen und in Deutschland seit einer Reihe von Jahren
gegründet worden sind, so erfreulich und gewähren den
Landwirthen so leichten und bequemen Kredit, daß die
Privatthätigkeit nichts zu wünschen übrig läßt. Man prüfe
nun und wähle das Beste.

Die Freiburger Hypothekenkasse hatte auf den
30. April eine Generalversammlung ihrer Aktionäre aus=
geschrieben, um derselben den Antrag zur Genehmigung
vorzulegen, daß die Kasse ermächtigt werden solle, Bank=
noten bis zum Belauf des dritten Theiles des
Aktienkapital's (von 3 Mill.) zu emittiren. Bei
Auszahlung von hypothekarischen Darlehen, soll das Ka=
pital zu $1/5$ in solchen Noten bezahlt werden können. Die
Kasse soll stets wenigstens den dritten Theil der ausge=
gebenen Zettel in Baar vorräthig haben. Die Staatskassen

sollen diese Noten annehmen. Zunächst sollen für 100,000 Fr. Noten ausgegeben werden.

Wir halten diesen Antrag für so bedenklich und müssen vor seiner Annahme, als eines Präjudizes der schlimmsten Art, so ernst warnen, daß wir uns genöthigt sehen, unsere Gründe ausführlich anzugeben.

Die Veranlassung dieses Antrages liegt in den gegenwärtigen Verhältnissen des Kapitalmarktes. Während auf der einen Seite die Anlage von Privatkapital in den Pfandbriefen der Hypothekenkasse in Abnahme begriffen ist, vermehren sich die Gesuche um Hypotheken-Darlehen. Die Staatsobligationen sind von 100 auf 80 gesunken. Zugleich gewährt die Kantonalbank auf ihre jederzeit rückzahlbaren Depositen einen eben so hohen Zins, als die Hypothekenkasse auf ihre Pfandbriefe (Cédules) mit sechsmonatlicher Kündigungsfrist.

Wenn diese Behauptung des „Conféderé" richtig ist, dann muß die Geldnoth schon einen hohen Grad erreicht haben, denn solide Diskontobanken pflegen auf jederzeit rückzahlbare Depositen keinen Zins zu zahlen. Wenn aber ein Uebel bereits eine solche Ausdehnung gewonnen hat, dann muß man doppelt vorsichtig in der Wahl der Mittel zur Abhülfe sein. Man muß sich namentlich hüten, ein Loch aufzureißen, um ein anderes damit zu verstopfen.

Vor allen Dingen muß man sich klar machen, was die Ursache des Kapitalmangels ist! Vergesse man doch nicht, daß die Schweiz mit dem Eisenbahnbau bis 1848 gegen die Nachbarländer im Rückstand geblieben war, und von da an in außerordentlich kurzer Zeit das Versäumniß mehr als nachgeholt, sogar Konkurrenzbahnen errichtet hat,

welche ungeheure Kapitalien verschlangen. Man nimmt
an, daß gegen 300 Millionen Franken in Eisenbahnen
stecken, die keine Zinsen tragen. Wenn nun auch ein großer
Theil dieses Verlustes Kapitalisten im übrigen Europa
trifft, so ist doch auch genug schweizerisches Kapital in
Mitleidenschaft gezogen worden. Gerade der Kanton Freiburg gibt mit seiner seit wenigen Jahren für ein Land
von diesem Umfang kolossal angewachsenen Schuldenlast
(von circa 36 Millionen auf 92,000 Bürger) das beste
Beispiel, welche Summe von Kapitalien aufgebracht worden ist. Soll dieß aber denn ganz spurlos vorübergehen,
soll die Hypothekenkasse nichts davon spüren, soll für Freiburg allein der Kapitalmarkt unerschöpflich sein?

Nehme man einen Privatmann. Wenn ein solcher,
der bis zum Belauf des Betrages seines Vermögens Geschäfte gemacht und auch noch, so weit sein Kredit reichte,
geborgt hat, — um sich weitere Mittel zu verschaffen,
Wechsel zieht, welche von ihm selbst vor Verfall, mit an-
derswoher flüssig gemachten Geldern gedeckt werden, —
so heißt man diesen Geschäftsmann einen Wechselreiter.
Er verliert allmälig den Kredit und geht in der Regel
zu Grunde. Es ist einmal eine bestimmte Grenze gezogen,
über die man nicht hinaus kann.

Zu dem starken Verbrauch von Kapitalien durch die
Eisenbahnen kam nun auch noch die amerikanische Krisis.
Das enorme Steigen des Goldagio's in Nordamerika
hinderte Kaufleute und Fabrikanten lange Zeit sich Rimessen
für ihre Waarensendungen schicken zu lassen; denn ehe
man 50 % an Rimessen verlor, versuchte man lieber sich
bei den Kapitalisten im Lande zu gesteigertem Zinse zu

helfen. Dieß mußte natürlich auch auf den Geldmarkt der nicht industriellen Kantone der Schweiz drücken. Die Stockung wurde zwar zum Theil dadurch ausgeglichen, daß Amerika anfing mehr Waare zu exportiren, deren Ausfuhr wegen des Preises früher nicht möglich war — es exportirte z. B. allein an Nähmaschinen für Millionen nach Deutschland und in die Schweiz — allein fühlbar genug blieb sie immerhin bis in die neueste Zeit.

Gegen solche Zustände läßt sich nicht mit Kunststücken und Palliativen aufkommen. Sie müssen eben getragen sein. Sie sind einem verheerenden Naturereigniß vergleichbar, dessen Schäden der Mensch erst wieder durch Arbeit bessern kann, einer Wunde, die zur Heilung einer bestimmten Zeit bedarf. Das beste Mittel ist — Sparsamkeit.

Man wird uns nun vielleicht antworten: Das ist schön gesagt, aber wie helfen wir jetzt — wie erhalten wir das nöthige Kapital? Darauf entgegnen wir:

Auf dem Wege, welchen Sie da einschlagen wollen, erhalten Sie es auf keinen Fall. Sie untergraben vielmehr Ihren Kredit und den Kredit des Kantons Freiburg überhaupt.

Die Noten der Hypothekenkasse würden, in Folge der Bestimmung, daß die Staatskasse sie annehmen soll, eine Art Staatspapiergeld. Wir wollen nun nicht zu strenge sein und zugeben, daß ein Staat unter Umständen in einem gewissen Maße Papiergeld ausgeben kann, allein wenn er die Ausgabe von Papiergeld gestatten wollte, unter Motiven, wie sie in dem Bericht des Aufsichtsrathes der Freiburger Hypothekenkasse aufgeführt sind, so würde

4

allein das Bekanntwerden dieser Motive in weiteren Kreisen den Kredit des Kantons untergraben.

Da steht nämlich auf Seite 5 des Berichtes, dem Einwurfe gegenüber, daß man das Kapital des Landes durch Papier nicht beliebig vermehren könne, weil dieses das Produkt der Arbeit sei, wörtlich folgende Behauptung:

„Es genügt uns zu sagen, daß der Boden der Haupt= Erzeuger aller möglichen Kapitalien ist. Ohne Zweifel muß man die Arbeit hinzufügen, sonst könnte der Boden an und für sich allein nicht die unermeßlichen Umlaufs= kapitalien hervorbringen. Indem man Noten ausgibt, sie einen Theil des Werthes des Landes reprä= sentiren läßt, vermehrt man offenbar das Um= laufskapital, und gerade dieses Kapital ist es, welches im Kanton Freiburg fehlt.“

Wir trauten unseren Augen kaum, als wir dieß lasen. Das sind die Grundsätze des auf die Mississippi=Nebel gegründeten Law'schen Obligationen=Schwindels und der Assignatenfabrikation.

Die Assignaten waren sämmtlich durch gute National= güter gedeckt. Warum, meine Herren vom Freiburger Aufsichtsrath, hat man wenige Jahre nach ihrer Ausgabe Zimmer damit tapeziert?

Seltsam, daß man die Erfahrung Anderer nicht für sich selbst benutzen, sondern erst durch eigenen Schaden klug werden will. Man will helfen mit demselben Mittel, welches gerade durch seine übermäßige Anwendung (die Greenbacks) in Nordamerika die gegenwärtige Geldkrisis hauptsächlich heraufbeschworen hat. So, meine Herren, verstehen wir die Lehre von den Gegengiften nicht.

Wir übergehen die Verwechselung zwischen Geld und Kapital, zwischen Kapital und Schuldschein, welche wir in der angeführten Stelle finden, und begnügen uns mit der Bemerkung, daß eine Eisenbahnaktie an und für sich kein Kapital, sondern nur ein Schuldschein ist, für einen Theil des in die Eisenbahn verwendeten und von ihr dargestellten Kapitals, d. h. des Bodens, des Holzes, der Schienen, der Arbeitslöhne, resp. der Lebensmittel, welche nöthig waren, um die Arbeiter zu ernähren, als sie die Eisenbahn machten. Das Kapital existirt nicht zwei Mal, einmal in der Eisenbahn und dann in deren Aktien, sondern die Aktien sind nur die Schuldscheine, welche auf den Bezug des Ertrags des in der Eisenbahn steckenden Kapitales berechtigen.

Man kann also nicht das Kapital vermehren durch Ausgabe von Hypothekenschuldscheinen oder Pfandbriefen.

Auf der anderen Seite ist damit, daß ein Grundstück einen bestimmten Werth hat, durchaus nicht ausgemacht, daß man es auch gleich verwerthen kann, oder daß deßhalb auch gleich das Hypothekenkapital dafür vorhanden sei. Dieses hängt von den Ersparnissen des Privatpublikums, von dem Anwachsen des Kapitales, vom Stand des Kapitalmarktes ab. Der Kanton Freiburg hat eben den ihm zu Gebote stehenden Kapitalvorrath und Kredit erschöpft. Der Versuch, ihm durch Fabrikation von Papiergeld wieder aufzuhelfen, ist ein ganz verfehlter.

Untersuche man doch, zu was das Geld dient. Es dient, um die im Lande vorkommenden Tausche zu vermitteln. Zu den innerhalb einer bestimmten Zeit, — nehmen wir Jahresfrist — vorkommenden Geschäftsumsätzen braucht man eine bestimmte Summe Geldes, — nicht mehr und nicht weniger. Da das Geld fortwährend zirkulirt und in einem Jahre 10—100 Mal den Besitzer wechselt, also zu ebensoviel Umsätzen dient, so braucht man einen 10—100 Mal geringeren Betrag an Geld, als Tausche stattfinden. Vermehrt man das Geld über das Bedürfniß hinaus, so muß es im Preise sinken, oder außer Landes gehen, oder die Preise der Waaren müssen steigen. Nehmen wir z. B. an, daß die im Kanton Freiburg bei 100,000 Einwohnern jährlich stattfindenden Umsätze 60 Millionen Franken betragen, so werden dazu kaum 4 Millionen Geld nothwendig sein, weil diese fortwährend zirkuliren. Im Clearinghouse in London, wo die Forderungen der Banquiers und großen Geschäftshäuser täglich compensirt werden, genügen 20,000 Pfd. St. Münze oder Noten für den Umsatz von 3,000,000, welcher täglich da stattfindet. Gesetzt, die 4 Millionen beständen aus Gold und Silber, und es wird für 2 Mill. Papiergeld ausgegeben, so geht so viel Metall aus dem Lande. Werden 4 Mill. Papiergeld ausgegeben, so verschwindet alles Metallgeld; wie wir dieß in Oesterreich, trotz des Metallausfuhrverbotes, 1848 erlebt haben. Werden 6 Millionen Papiergeld ausgegeben, so sinkt das Papiergeld um 33$\frac{1}{3}$% im Werth, d. h. die 6 Millionen Papier werden nur 4 Mill. Münze werth sein. Wird der Zwangscours des Papiergeldes erklärt, wie jetzt in Amerika und Oesterreich, dann steigt das Metallgeld um so viel im Preise, d. h. man muß Gold= oder Silberagio zahlen und die Waaren erhalten nicht bloß einen entsprechenden Aufschlag, sondern sie steigen noch höher, weil auch noch eine Prämie für die Unsicherheit der Transaktionen bei schwankender Valuta gezahlt werden muß. Alle diese Erscheinungen sind keine bloßen Behauptungen, sondern in der Finanzgeschichte erwiesene Thatsachen, die heute noch in Oesterreich, Nordamerika und Rußland offen da liegen.

Nun mag man allerdings sagen: dieses Verhältniß steht unserem Plane nicht im Wege, denn wir beabsichtigen jetzt vorläufig nur 100,000 Fr. und im Ganzen höchstens 1 Million auszugeben. Die Summe des Papiergeldes würde also das Bedürfniß an Umlaufsmitteln nicht über= schreiten, folglich können auch keine solche Erscheinungen eintreten!

Darauf ist zu erwiedern: ce n'est que le premier pas qui coûte! Bisher hat die Finanzgeschichte aller Länder erwiesen, daß man sich in diesen Schranken nicht zu halten wußte. Zuerst wurde im Kleinen der Versuch gemacht, und als er glückte, ging man Schritt vor Schritt weiter, bis auf einmal über Nacht die Kalamität da war. Es ging, wie bei jenem vierspännigen Wagen, den man mit Stecknadeln beladet. Eine Stecknadel mehr können die Pferde gewiß noch ziehen. Fährt man aber so fort bis auf 200 Centner, so kommt doch der Augenblick, wo die Pferde den Wagen nicht mehr fortbringen, wenn auch nur noch Eine einzige Stecknadel hinaufgeworfen worden ist.

Es kommt dazu, daß in ruhigen Zeiten viel mehr Geschäfte gemacht werden, also mehr Geld zum Umtausch nothwendig ist; sobald aber eine Krisis eintritt und die Umsätze stocken, so ist eine so geringe Summe von Um= laufsmitteln genügend, daß auch ein ganz kleiner Betrag von Papiergeld zu viel wird. So lange die Geschäfte ihren Gang gehen, ahnt man nichts; ist aber die Krisis und die Stockung da und das baare Geld verschwindet, weil das Papier genügt und jeder es los sein will, dann bricht auch leicht die Panique aus; die Einlösungskassen der Banken werden bestürmt und oft zur Einstellung der Zahlungen gezwungen; oder wenn Papiergeld mit Zwangs= kours besteht, dann nimmt die Valuta jene schrecklichen Schwankungen an, welche den Handel völlig lähmen.

Nun kann man allerdings erwiedern, das Gesagte gilt auch von Zettelbanken; und der Bericht des Freiburger Aufsichtsrathes führt gerade an, ich weiß nicht aus welchen Quellen, daß die Bank von Frankreich auf 100 Mill. Baar= fonds 800 Mill. Banknoten in Umlauf habe. Wir wollen diese ganz irrige Behauptung nicht weiter untersuchen; wir können sie annehmen, weil sie für die Zulässigkeit der Notenemission einer Hypothekenbank nichts beweist. Eine Diskontobank, welche Noten emittirt, macht nur Geschäfte von kurzer Umlaufszeit. Sie hat außer dem Baarfonds den Betrag der umlaufenden Noten in guten Wechseln im Portefeuille, die stets fällig werden und verkauft werden können. Hypothekenbanken aber legen ihr Darlehen fest und unkündbar an. Bei der Hypothekenkasse wäre es nach dem Vorschlage des Berichts anders. Außer dem Baarfonds für ⅓ würden die zwei anderen Drittheile nur in Werth= papieren gedeckt, die bei anderen Kreditinstituten deponirt werden sollen, um bei diesen dafür laufende Rechnung zu genießen. Diese Vorkehrung würde aber gerade in der Krisis, für welche eine Bank sich stets gewappnet halten muß, nicht Stich halten, denn dann haben die andern Banken selbst genug zu thun, um sich zu sichern und können keine Baarmittel entbehren.*) Die ²/₃ Noten der Hypothekenkasse müßten also, wenn sie präsentirt würden, uneingelößt bleiben. Nehme man aber ein einziges Mal einen solchen Fall an, so ist es um den Kredit der Hypothekenbank geschehen. Wer würde ihr dann noch Kapitalien gegen ihre Pfandbriefe anvertrauen, was doch eigentlich die Hauptquelle ihres Betriebsfonds sein muß?

Wenn der Aufsichtsrath der Freiburger Hypotheken= kasse meint, Noten einer Hypothekenbank verdienten mehr Kredit, als einer anderen Bank, weil sie mit Grund und Boden gedeckt seien, — so irrt er gewaltig. Er verwechselt vielleicht Obligationen oder Pfandbriefe mit Noten; Kapital mit Geld. Wir schließen.

Wir geben zu, daß die Hypothekenkasse durch Ausgabe einer mäßigen Summe von Papiergeld, welche einen Bruchtheil des zum Gesammtumsatze nothwendigen Um= laufsmittels nicht überschreitet, ihr Kapital vermehren kann und daß sie durch die Bestimmung der Annahme bei den Staatskassen auch über Verlegenheiten hinauskommen kann, allein wir fürchten, daß sie sich damit auf eine schlüpfrige Bahn begibt, daß sie sich durch anfänglichen Erfolg in ruhigen Zeiten leicht verleiten lassen kann, mehr zu emit= tiren, als das Umsatzbedürfniß an Geld ist, und daß sie dann einmal in die Lage kommen kann, die Einlösung ihrer Noten entweder selbst nicht bewerkstelligen zu können,

---

*) Heißt es doch am Schluß des Berichtes des Aufsichtsrathes selbst wörtlich: „Alle Welt weiß, daß im Fall der Krisis das Erste was in jeder Bank verschwindet, das Portefeuille und die Metall= reserve ist, und zwar bevor noch der leiseste Verdacht die Noteninhaber erreicht; Verluste sind dann unvermeidlich (!!!)."

ober bei den Banken, wo sie laufende Rechnung hat, ver=
weigert zu sehen. Eine einmalige Weigerung würde den
Krebit der Bank untergraben. Die Kapitalisten würden
ihr nicht bloß keine Pfandbriefe mehr abnehmen, sondern
ihre ausgegebenen Pfandbriefe (Cédules) würden gekündigt
werden, und da schon in ihren Statuten der große
Fehler gemacht ist, daß ihre Pfandbriefe auf 6 Monate
kündbar gestellt sind, so würde sie sich in der Unmöglich=
keit befinden, ihren Verbindlichkeiten nachzukommen; denn
den Pfandbriefinhabern ist mit der Hypothek als Hinter=
lage nicht gedient. Dazu würden sie einer Bank nicht
bedürfen. Es kommt noch dazu, daß die Bank durch das
Recht, $\frac{1}{5}$ ihrer Darlehen in Noten auszuzahlen, dem
Schuldner die Noten gewissermaßen aufnöthigt, und daß
dieser sie gewiß so schleunig als möglich an die Kasse
tragen wird. Die Bank begibt sich damit auf's Eis.

Eine Hypothekenbank *), welche ihr Aktienkapital eigent=
lich nur als eine Art Reservefonds zu betrachten hat und
die Vermittlerin bilden soll zwischen den Kapitalsparern
und den Landwirthen, die zur Verbesserung ihrer Grund=
stücke u. s. w. Kapital bedürfen, muß die leiseste Erschütte=
rung des Krebits scheuen, weil man Kapital auf lange
Zeit nur bei großem Vertrauen anlegt.

Wir warnen daher vor der Ausgabe von Banknoten
aus tiefer Ueberzeugung, weil sie

1) das Bedürfniß, welches nach Millionen heischt,
auch nicht im Entferntesten befriedigen würde — weil sie

---

*) Siehe Nr. 80, 81 und 82 des „Bund".

2) die Gefahr des Mißbrauchs heraufbeschwört, wodurch der Fall eintreten kann, daß die Bank ihre Zahlungen einstellen muß, weil

3) die Maßregel an und für sich in Gemeinschaft mit ihren, den Grundsätzen der Wissenschaft widersprechenden Behauptungen das Mißtrauen der Kapitalisten erwecken muß, so daß sie ihre Kapitalien lieber anderen benachbarten Hypothekenbanken anvertrauen, und weil sie

4) sogar dem Kredit des Kantons Freiburg selbst Schaden bringen würde, was rückwirkend alle Verkehrsverhältnisse benachtheiligen müßte.

Unseres Erachtens kann man absolute Besserung nicht durch künstliche Mittel erzwingen, sondern man muß den größeren Theil der Linderung der Noth von der allgemeinen Besserung der Verhältnisse in Folge des Endes des amerikanischen Krieges, und vom Sparen erwarten, welches, nachdem einmal die Haupteisenbahnen gebaut sind, wieder nachhaltiger Platz greifen kann. Es ist aber auch schon jetzt etwas zu thun, wenn die Hypothekenkasse, und wir können da alle Hypothekenbanken mit einschließen, ihre Obligationen oder Pfandbriefe (Cédules) in kleinerem Nominalbetrage ausgibt, als es bisher gebräuchlich war. Der geringste Betrag, den wir kennen, war 1000 Franken. Durch diesen hohen Betrag der Obligationen wird einem großen Theil des sparenden Publikums die Gelegenheit benommen, Kapital bei der Hypothekenbank anzulegen und ein wesentlicher Zweck dieses Instituts wird vereitelt. Das ist ja gerade der große Fortschritt, welcher durch Hypothekenbanken gemacht wird, daß sie auch die kleinen Kapitalien aufsammeln. Der Privathypothekarkredit ist deßhalb schwierig, weil der Bedarf und der Vorrath sich nicht immer genau decken. Ein Landwirth braucht 13,000 Franken Hypothekar-Darlehen, er findet einen Kapitalisten der nur 11,000 vorräthig hat, oder der nur 15,000 hergeben will. Der eine wie der andere Fall ist möglich. Und wenn der Kapitalist sich auch nach dem Schuldner richten kann, so bleibt ihm entweder Geld übrig, oder er muß selbst wieder borgen.

Durch die Hypothekenbank ist diesem Mißstand abgeholfen. Sie kann genau die Summen zahlen, welche der Schuldner braucht, und sammelt die Ersparnisse der Kapitalisten in genau bestimmten Bruchtheilen.

Dehne man nun dieses Prinzip auf einen größeren Kreis des sparenden Publikums aus. Mache man Pfandbriefe von 100 Fr. neben den von 1000, setze man sich mit den Sparkassen in eine gewisse Verbindung. Suche man, was die Freiburger Kasse betrifft, so bald als möglich die für eine Hypothekenbank verhängnißvolle Bestimmung zu beseitigen, daß die Pfandbriefe auf 6 Monate kündbar gestellt sind, — und man wird ein ganz anderes Resultat erlangen, als von der Ausgabe von Papiergeld.

Trotz dieser, im „Bund" veröffentlichten, Warnungen hat die Generalversammlung der Freiburger Hypothekenbank gleichwohl am 30. April 1865 mit ²/₃ gegen ¹/₃ Stimmen die Ausgabe von Papiergeld beschlossen. Es ist zu hoffen, daß der Große Rath seine Genehmigung versagt; sonst würde bald das letzte Stündlein der Hypothekenkasse geschlagen haben.

IX.

Die Volksbanken.

Wir haben gesehen, wie Banquiers und Diskontobanken dem Kaufmann und Industriellen Kredit geben
und durch Diskontirung ihrer Wechsel deren Mittel fortwährend flüssig halten, wie Hypothekenbanken das Real-
kreditbedürfniß der Grundbesitzer befriedigen; es fehlt uns
aber noch ein Institut, welches sowohl dem Personalkredit des Landwirthes, des Handwerkers und überhaupt
des kleinen Mannes Genüge leistet, als auch dieselben überhaupt in Stand setzt, die Konkurrenz des Großbetriebes
zu bestehen.

Solche Anstalten sind die Volksbanken oder Vereine
von Genossen zu gemeinschaftlichen Geschäftszwecken.

Das Prinzip dieser socialen Einrichtung ist der Grund-
satz: „Einigkeit macht stark!" welcher in der Esop'schen
Fabel des Pfeilbündels, den der sterbende Vater seinen
Söhnen reichte, so schön versinnlicht ist, und überall, wo
er zur Geltung kam, reiche Früchte getragen hat. Den
vereinigten Kräften haben wir die größten Fortschritte der
Kultur, die Eisenbahnen, Dampfschifflinien, Versicherungs-
Gesellschaften zu verdanken. Die Volksbank ist nur die
Anwendung dieses Princips auf den alltäglichen Verkehr
und den Erwerb der weniger bemittelten Schichten der
Bevölkerung unter, den Verhältnissen angemessenen Aende-
rungen. Von der Macht der Zusammenflusses kleiner
Mittel zu einer wirksamen Kapitalgröße gibt schon die

Natur in den Strömen und ihren Zuflüssen einen deut-
lichen Wink. Allein das genügte noch nicht, sondern es
handelte sich darum, zu erforschen, was zu machen sei,
wenn nur geringe Mittel vorhanden sind. Wie ist da der
Kredit zu schaffen? Die schottischen Joint-Stock-Banken
mit unbeschränkter Haftbarkeit aller Aktionäre zeigten den
Weg. Diese waren zwar für große Kapitalumsätze bestimmt,
allein wer hinderte, die gleiche Einrichtung auf auf kleinere
Verhältnisse anzuwenden? Während einer ganzen Generation wurden in verschiedenen Ländern Europa's Versuche
in Vereinen zu allen möglichen geschäftlichen Zwecken gemacht, es wurden Consumvereine, Unterstützungs- und
Hülfskassen, Spar- und Vorschußkassen, Krankenvereine,
Altersversorgungskassen auf genossenschaftlichem Wege gegründet; erst zu Anfang der 40ger Jahre aber sollte in
England und Deutschland die richtige Form gefunden
werden, welche diesen Instituten dort und noch mehr in
Deutschland eine große Zukunft sichert.

Die Vorläufer der Volksbanken waren die Sparkassen.
Viele derselben dienten zwar anfangs, ihres demokratischen
Ursprungs uneingedenk, dazu, den Kredit der großen Banken
und Staatskassen zu speisen — heute noch sieht man in
Frankreich das beklagenswerthe Schauspiel, daß die Staatskasse die Fonds der Sparkassen für eigene Zwecke verwendet,
d. h. sich kreditiren läßt — viele aber fingen schon früh-
zeitig an, den naturgemäßen Dienst zu verrichten, die auf-
gesparten Gelder durch Darlehen wieder in den Verkehr
fließen zu lassen. Da diese Gelder aber die Sparpfennige
der armen, arbeitenden und dienenden Klassen sind, so
mußten strenge Vorsichtsmaßregeln gegen Verluste getroffen,

es konnten also Darlehen nur unter erschwerenden Bedin=
gungen und in beschränktem Betrag bewilligt werden.
Sie befriedigten daher nur im bescheidenen Maße das
Bedürfniß. Auch die Hülfskassen waren weit entfernt,
dem Bedarf zu entsprechen. Dieselben enthielten überdieß
in ihren Statuten meist Bedingungen, denen sich ein Mann
von Selbstachtung nicht unterwerfen konnte; indem sie
ausdrücklich voraussetzten, daß Jemand nachweise, daß er
in Noth gerathen sei, um ein Darlehen zu erhalten. Ueber=
dieß genügten sie für die meisten Fälle nicht wegen der
Kleinheit des Maximalbetrages ihrer Darlehen. Das ist
es nicht, was der kleine Geschäftsmann und Landwirth
bedurfte. Er soll sich nicht schämen müssen, wenn er ein
Darlehen heischt. Es wurde daher nur sehr wenig Gebrauch
von solchen Hülfskassen gemacht, weil die tüchtigen Leute
fürchteten, durch die Benutzung derselben **ihrem Kredit
zu schaden.**

Was man bedurfte, das war keine Armenanstalt,
sondern ein Institut, welches dem kleinen Manne die Vor=
theile gewährte, deren der große Geschäftsmann längst
genießt. So kam man denn zur Association mit solida=
rischer Haft.

Unter diesen Genossenschaften, deren es zu verschiedenen
Zwecken gibt: zur gemeinsamen Anschaffung von Lebens=
mitteln (Konsumvereine), zur gemeinschaftlichen An=
schaffung von Rohstoffen, zur gemeinschaftlichen Maga=
zinirung, zum gemeinschaftlichen Verkauf, zur gemein=
schaftlichen Benutzung von Triebkräften und Werk=
zeugmaschinen, zur gemeinschaftlichen Verschaffung
von Kredit und endlich zur gemeinschaftlichen Pro=

buktion, — haben sich besonders die vorletzten eines ungewöhnlichen Erfolges und großer Ausbreitung zu erfreuen. Von den circa 1200 Genossenschaften, welche seit 1849 in Deutschland gegründet wurden (davon fallen auf die Zeit von 1859 an 1100), sind gegen 900 solche Volksbanken oder Vorschußvereine, und bereits sind deren nach ihrem Muster in Oesterreich und im verflossenen Jahr auch in Frankreich und Italien errichtet worden.

Das Prinzip der Volksbanken, deren Hauptförderer in Deutschland der verdienstvolle Volksmann Schulze-Delitzsch, ist mit einem Worte: die Uebertragung des kaufmännischen persönlichen Kredites auf die weniger bemittelten Schichten der Bevölkerung (namentlich auf den Handwerker, den Landwirth) mittelst der unbeschränkten Haftbarkeit aller Genossen.

Auf Grund dieses Prinzipes bestehen im deutschen Zollverein allein gegen 900 Volksbanken mit einer Mitgliederzahl von circa 150,000, mit einem eigenen Grundvermögen von mehr als 10 Millionen Franken und einem jährlichen Geschäftsumsatze von 150 Millionen Franken. Viele derselben, z. B. die Gewerbekasse in Frankfurt a. M., sind bereits vollständige Diskontobanken geworden, deren Dividenden aber unter die Mitglieder vertheilt werden, und die mit keinen andern Mitteln, als mit wöchentlichen oder monatlichen Beiträgen von wenigen Centimes oder Franken angefangen haben. Den Mangel des Kapitals ersetzt die solidarische Haft.

Mit einem Schlag ist jetzt der beständigen Klage der Handwerker, daß ihre Rechnungen zu spät oder unregelmäßig bezahlt werden, abgeholfen. Der Handwerker hat

laufende Rechnung bei der Volksbank, kann jeden Augenblick Geld haben, wann er es braucht, und zahlt zurück,
wann seine Ausstände eingehen. Der Bauer braucht den
Juden nicht mehr und die Prozente, welche er zahlt, erhält
er am Ende des Jahres in Gestalt der Dividende zurück,
an der nur die Verwaltung und der Reservefonds etwa
2 % kürzen. Der kleine Krämer kann einkaufen, wann
sich ihm die günstigsten Handelskonjunkturen darbieten.
Sonst waren sie gezwungen, im Falle der Noth im Vor-
zimmer des Kapitalisten zu katzbuckeln und kleinmüthig
Darlehen gegen hohen Zins zu erbitten, — jetzt geht der
Bürger stolz auf seine Vorschußkasse und heischt, was er
braucht, als ein Recht. Kein Wunder, daß das Volk durch
diese Einrichtung nicht bloß materiell unabhängig gemacht,
sondern auch moralisch unendlich gehoben wird.

Welcher Einrichtung hat man diese große Wohlthat
zu verdanken? Der einfachsten von der Welt, einem wahren
Columbusei.

Es treten 50 oder 100 Männer zusammen, wählen
sich einen Vorstand und geben sich Statuten, welche im
Wesentlichen folgende Bestimmungen enthalten:

Jedes Mitglied zahlt wöchentlich einen Beitrag von
50 Centimes bis 2 Franken oder monatlich von 2 bis
10 Franken, nebst einem einmaligen Eintrittsgeld, wie es
bei jeder Lesegesellschaft geschieht.

Mit diesen Einzahlungen wird fortgefahren, bis die
Höhe eines Gesellschaftsantheils (Aktie) oder zweier Aktien,
je nach Bestimmung, erreicht ist, deren Nennwerth je nach
dem größeren oder geringeren Bedürfniß des Gesellschafts-
kreises zwischen 50 und 500 Fr. schwankt.

So lange diese Aktien nicht vollbezahlt sind, wird der verhältnißmäßige Antheil an der Dividende nicht ausbezahlt, sondern zu den Aktien geschlagen.

Mehr als zwei Aktien darf kein Mitglied besitzen.

Ein jedes Mitglied hat das Recht, Vorschüsse aus der Kasse zu verlangen, und zwar ohne Sicherheit bis zum Betrage seiner Einzahlung, mit Stellung eines oder zweier Bürgen bis zum zehnfachen Betrage des Einschusses.

Außerdem hat der Vorstand das Recht, ein Darlehen ohne Angabe von Gründen zu verweigern.

Für die Verbindlichkeiten des Vorschußvereins stehen alle Mitglieder solidarisch ein, d. h. ein Jeder für alle Schulden mit seinem ganzen Vermögen. Diese letztere Bestimmung ist anfangs der Ausbreitung der Genossenschaften sehr hindernd im Wege gestanden, bis man sich durch die Erfahrung überzeugte, daß sie nothwendig war, um der Volksbank das Vertrauen der Kapitalisten, Depositen= und Sparkassen=Gläubiger zu sichern; und daß innerhalb 15 Jahren noch kein einziges Mal unter den 900 Volksbanken von dieser Verpflichtung Gebrauch gemacht werden mußte, indem die vorgekommenen Verluste bisher noch stets aus dem Reservefonds, der tüchtig gespeiset werden muß, und aus der Dividende gedeckt werden konnten. Das Publikum gab wegen der Sicherheit, welche die solidarische Haftbarkeit bietet, so gerne seine Ersparnisse in die Volksbank, daß in der Krisis von 1857, als die großen Häuser massenhaft zusammenstürzten, die armen Handwerker der Vorschußvereine an embarras de richesse litten, weil man die Sparpfennige nirgends

sicherer anlegen zu können glaubte. Natürlich! Denn wäh=
rend der einzelne unbemittelte Arbeiter wenig oder keinen
persönlichen Krebit hat, weil er krank werden und sterben
kann, gibt die solidarisch verhaftete Gesellschaft so viel
Sicherheit, als ein hypothekarisches Pfand, weil es ganz
unwahrscheinlich ist, daß 100 oder 200 Personen auf ein=
mal erkranken oder sterben. Deßhalb erhalten die Vorschuß=
vereine leicht Gelder anvertraut, sei es in Gestalt von
Depositen oder von Kapitalbarlehen.

In der Regel verbinden die Vorschußvereine daher
auch eine Sparkasse mit ihren Geschäften. Hinsichtlich der
Letztern sind zwei Klassen von Volksbanken zu unterschei=
den: diejenigen in größern Städten oder in gewerbreichen
Distrikten mit regem Handelsverkehr, — und die Vorschuß=
vereine in kleinen Flecken, welche den Wechselverkehr und
das Bankgeschäft nicht in den Kreis ihrer Thätigkeit zu
ziehen brauchen.

I. Die erstern sind vollkommene Diskontobanken, b. h.
sie machen folgende Geschäfte:

1) Diskontiren von Wechseln.

2) Laufende Rechnung (Conto=Corrent) mit Checks.

3) Einkassirung (Incasso).

4) Darlehen (Lombard) auf Unterpfand von Werth=
papieren, Edelmetall, Juwelen.

5) Darlehen ohne Bürgschaft bis zum Betrage des ein=
geschossenen Beitrages.

6) Darlehen gegen Bürgschaft. Diese Bürgschaft wird
gewöhnlich in Gestalt eines auf einen Zweiten ge=
zogenen und von diesem acceptirten oder eines von

5

einem Zweiten auf den Darlehensempfänger gezogenen Wechsels geleistet. Beim Conto=Corrent wird die Bürgschaft auf dieselbe Weise in einem Wechsel mit einer zweiten Unterschrift, der an der Kasse deponirt wird, geleistet; doch dient auch ein Bürgschein.

7) Annahme von Depositen.

8) Sparkasse.

Das Conto=Corrent hat sich als äußerst wohlthätig erwiesen. Vielfach zahlt man, wie in London, jetzt mit Checks auf die Vorschußkasse.

II. Die Vorschußvereine in den kleinern Orten beschränken sich auf das Geben von Darlehen und die Annahme von Spargeldern, Depositen und Anlehen. Doch fängt die obige Ausdehnung der Geschäfte auch in kleinern Orten überall an, Platz zu greifen, wo reger Verkehr stattfindet; des Wechsels braucht man sich bei ihnen nicht zu bedienen.

Die Dividenden, welche jährlich vertheilt werden, erreichen oft 12 bis 20%. Die Rohstoffvereine von Schuhmachern z. B. haben in den letzten Jahren regelmäßig 25% Dividende vertheilt.

In vielen Gegenden, namentlich in Nassau (obgleich daselbst längst eine Landesbank bestand, welche in sehr liberaler Weise Vorschüsse gegen Stellung von zwei Bürgen gab, und Filialen im ganzen Lande in jeder Steuerrezeptur hat, welche Zahlungen annehmen und leisten), wo kein Ort mehr ist, der nicht einen Vorschußverein besäße oder Mitglieder, die einem solchen angehören, sind die Volksbanken bis unter's Landvolk gedrungen. Sie vermitteln so auf das Vollkommenste den Umlauf des Kapitals aus den Händen, welche gerade keine Verwendung dafür haben, in diejenigen, welche dessen bedürftig sind. Da die verschiedenen Berufsarten ihre Haupteinnahmen zu verschiedenen Zeiten machen und ihr Kapitalbedürfniß zu verschiedenen Zeiten eintritt — der Bierbrauer braucht z. B. das meiste Geld im Winter, wo der Landwirth seine Einnahmen macht und an die Kasse deponirt —, so gleicht sich der Kapitalbedarf auf so wundervolle Weise aus, daß die Quellen der Betriebsfähigkeit nie versiegen.

Der große Vortheil des Bankkredites, welcher den Kaufmann und den Fabrikanten in Stand setzt, mittelst gezogener Wechsel oder Conto = Corrent = Vorschüsse seine Ausstände jeden Augenblick, drei Monate oder länger vor Verfall, zu mobilisiren, — dieser enorme Vortheil, welcher jene Erwerbsklassen in die Kategorie bevorzugter Stände stellt, weil sie in der That damit leichter Geschäfte machen können, als die andern, kommt mittelst der Volksbanken auch dem kleinen Manne zu gut, welcher überdieß diese Wohlthat weder dem Staate, noch der Gemeinde, noch einer wohlthätigen Gesellschaft, sondern nur sich allein im Verbande mit Seinesgleichen zu verdanken hat.

Wie oben bemerkt liegt ein Hauptbedenken des Publikums in der solidarischen Haft. Wenn nun, trotz dem, daß in Deutschland über 200,000 Personen in circa 1200 Vereinen diese Bedenken überwunden haben, dieß einer weiteren Ausbreitung dieser nützlichen Anstalten entgegenstehen sollte, so steht es noch immer frei, sie unter anderen, leichteren Bedingungen zu gründen, vorausgesetzt, daß die Genossen=

schaft auch so kreditfähig wird. Wir können nämlich dann
noch drei Modalitäten unterscheiden:

1) Genossenschaften, bei welchen die Mitglieder nur bis
   auf einen bestimmten Mehrbetrag ihrer Aktien, also
   z. B. das Doppelte, Vierfache derselben garantiren.

2) Genossenschaften, bei denen gar keine weitere Garantie,
   als die Einzahlung auf die Aktien geleistet wird.

3) Genossenschaften, bei denen Gönner die Garantie
   leisten, wie solche in Westphalen (Dortmund) bestehen *).

Bei diesen Erleichterungen muß die größte Sorge
getragen werden, daß die Verwaltung des Vereines nur
rechtschaffenen, geschäftserfahrenen und vorsichtigen Männern
anvertraut wird, weil größere Sorglosigkeit der Mitglieder
zu erwarten ist, wo dieselben weiter nichts zu riskiren
haben, als ihre Einzahlung. Bei der unbeschränkten Haftbarkeit hingegen müssen die Mitglieder ein lebhaftes Interesse an dem Gedeihen der Geschäfte nehmen und deren
Leitung genau überwachen, so daß Unbesonnenheiten und
schlechte Amtsführung nur selten vorkommen können. Für
den Anfang, bis größere Geschäftsgewandtheit erworben
ist, und bis die kleinen Leute Einsicht in die Buchführung
u. s. w. gewonnen haben, ist immerhin die unbeschränkte
Haftbarkeit sehr zu empfehlen.

Wo eine gewisse solide Geschäftspraxis sich heraus-
gebildet hat, läßt sich diese strengere, aber sicherere Organisation entbehren. In England z. B. sind seit Einführung

---

*) In der Schweiz bestehen bereits Vorschußkassen der zweiten
Art in Zürich, Glarus, Solothurn; der dritten Art in Lausanne.

eines neuen Gesetzes (1861), wonach auch die bisher mit
unbeschränkter Haftbarkeit bestandenen Gesellschaften unter
Beobachtung bestimmter gesetzlicher Bedingungen das Recht
haben, sich als Aktiengesellschaft mit beschränkter Haftbarkeit
eintragen zu lassen, d. h. als Gesellschaft, deren Mitglieder
nur für den Betrag ihres Antheiles (Aktie) haften, —
sämmtliche Genossenschaften (cooporative societies) Aktiengesellschaften geworden, die sich von den anderen nur durch
ihre winzigen Aktien unterscheiden. Ein Fortschritt ist
immerhin dabei gewonnen. Eine Gesellschaft armer Leute,
welche, Jeder 20 Franken, zusammenschießen, kann, wenn
sie zahlreich genug ist, mit den reichsten Unternehmern in
die Schranken treten. Indem sich so der Weg zur materiellen und moralischen Erhebung öffnet, empfindet Jeder den
Reiz des Sparens. Die arbeitende Klasse bildet sich dann
durch sich selbst. Die herrlichsten Erfolge haben in dieser
Hinsicht die Genossenschaften in Rochdale (bei Manchester)
gemacht. Da trat vor 25 Jahren eine Anzahl von armen
Leuten, meist aus den unteren arbeitenden Klassen, zusammen, um einen Consumverein zu gründen. Weil sie die
Ersten oder Vorläufer einer volksthümlichen Reformbewe-
gung waren, so hießen sie sich «Equitable Pioneers.»
Sie blieben bis im Jahre 1861 selbst in England in
größeren Kreisen unbekannt. Die politische Tagespresse,
meist aristokratisch gesinnt, ignorirte sie. Der deutsche
Professor Huber hat sie auf einer Reise nach England,
wo er die Lage der arbeitenden Klassen studirte, schon
Anfangs der 1850er Jahre ausfindig gemacht und sie dann
fast jedes Jahr besucht, um ihre Fortschritte zu beobachten.
Außer in seinen Reisebriefen erstattete Huber dem Congreß

deutscher Volkswirthe 1858 Bericht; ebenso 1859 und 1860. Als 1860 Julius Faucher in Begleitung von Burton S. Blyth von London zum Congreß in Köln kam, da wußten beide, Ersterer 5 Jahre Redakteur des Morning Star, Letzterer Redakteur des Standard, nichts von den Pionieren und fürchteten, Professor Huber sei mystificirt worden. Nach dem Congreß erstattete Blyth einen trefflichen Bericht in seinem Blatte über den Kölner Congreß und erwähnte dabei Huber's Bericht über die englischen Genossenschaften. Dieser Anstoß erst war Veranlassung, daß der Präsident der englischen Association zur Beförderung der socialen Wissenschaften, Lord Brougham, in der Sitzung des darauf folgenden Jahres das Dasein der englischen Associationen erwähnte. Seitdem wird in jeder Jahressitzung ein Bericht darüber erstattet.

Da ich über die Einrichtung dieser Institute völlig klar werden wollte, so entschloß ich mich im verflossenen Herbst, selbst nach Rochdale zu reisen und auch im übrigen England nach den Cooperative Societies mich umzusehen.

Ich fand, daß die Genossenschaftsbewegung nicht so in fast alle Schichten der Bevölkerung gedrungen ist, wie in Deutschland; überhaupt daß die Associationen nicht so zahlreich sind, und daß sie sämmtlich seit wenigen Jahren in Aktiengesellschaften verwandelt worden sind, die den Kreis ihrer Geschäfte nicht auf die Mitglieder beschränken, sondern auf's ganze Publikum ausdehnen. Uebrigens mußte ich in Rochdale, einer Stadt von 30,000 Einwohnern, mehrmals vergeblich nach den Pionieren fragen, da die Ersten mir keinen Bescheid geben konnten, ein Zeichen, daß die Institution noch nicht so völlig die öffentliche Meinung erfüllt, als in Deutschland.

Zuerst waren es nur Leute der ärmsten Klasse, welche ihre Sparpfennige zusammenlegten. Sie brauchten achtzehn Monate bis sie die Mittel hatten, um einen Consumverein wirklich in's Leben zu rufen. Diese Consumvereine haben in England größere Aussicht auf Erfolg, weil sie wegen der häufigen Fälschung der Lebensmittel und der großen Differenz zwischen Detail- und Engros-Preisen ein größeres Bedürfniß sind, als auf dem Continent, — unbeschadet der trefflichen Resultate, welche man da in einzelnen Städten, z. B. in Zürich und Hamburg, erzielt hat. Die Consumvereine (Cooperative Stores) haben sich daher so ziemlich über ganz England verbreitet und es bestehen deren daselbst weit mehr, als in Deutschland und der Schweiz. Dagegen ist das System der Vorschußvereine, wie es in Deutschland so kolossale Fortschritte macht, in England nicht zu Hause; ebenso wenig die Rohstoffvereine. Die Produktiv-Genossenschaften sind nichts anderes als Aktiengesellschaften; denn nicht die Mitglieder sind die Arbeiter darin, sondern bezahlte Arbeiter. Nur ausnahmsweise mag auch ein Arbeiter eine Aktie besitzen. Letztere vertheilen sich vielmehr auf eine Menge Personen aus allen möglichen Lebenskreisen.

Der Consumverein der Pioniere hatte guten Erfolg. Die Mitglieder hatten zu gleichem Preise gute und gesunde Lebensmittel und am Ende des Jahres ihren Antheil am Gewinn. Die Lust zum Sparen war einmal erweckt. Zuerst war ein Spezereiladen gegründet worden; bald kam ein Fleischerladen hinzu. Dieselben wurden, nach dem

Bedürfnisse in verschiedenen Theilen der Stadt, vermehrt. Diese Läden werden von besoldeten Beamten der Gesell= schaft geleitet. Letztere beziehen keinen Gewinnantheil, son= dern haben nur Aussicht auf Aufbesserung des Gehaltes. Die Gesellschaft hat mit ihren Beamten bisher Glück ge= habt, so daß sie weder Veruntreuung noch Verlust zu beklagen hat. Der Erfolg munterte zu neuen Unterneh= mungen auf. Es wurde ein neuer Laden errichtet, ein Schnittwaarenlager, um die Bedürfnisse der Bekleidung der Mitglieder billiger und besser zu befriedigen; freilich zum Nachtheile der Krämer, welche nicht gut auf die Pio= niere zu sprechen sind, und verlangen, daß die Gesell= schaft, welche steuerfrei ist, mit der Einkommensteuer belegt werden soll, weil die einzelnen Mitglieder der Steuer entgehen, da nur wenige das gesetzlich erforderliche Ein= kommen von 100 Lß. (2500 Franken) haben, um zur Einkommensteuer herangezogen zu werden.

Bald ging man noch einen Schritt weiter und errich= tete eine Schuhmacher= und eine Schneiderwerkstätte, immer noch nur für die Bedürfnisse der Mitglieder der Gesellschaft bestimmt. Man war also an der Produktiv= Genossenschaft angelangt; wenn man diese Geschäftsbranche der Pioniere so nennen durfte, denn auch sie werden nicht durch Mitglieder, sondern durch besoldete Beamte betrieben und verwaltet. Ich muß nebenbei gestehen, daß ich von diesen beiden Zweiganstalten weniger erbaut bin. In der Schneiderwerkstätte bedient man sich nicht einmal der Näh= maschinen und es waren nur wenige Leute beschäftigt; auch schienen mir die ausgestellten Kleider und Schuhe in Güte und Geschmack keinen Vergleich mit denen anderer

Privatgeschäfte auszuhalten. Das ist auch wohl nicht anders möglich bei Geschäften, welche nicht von Mitgliedern selbst, sondern nur von Beamten geführt werden, die nichts als einen Gehalt beziehen und nicht einmal durch Gewinnantheil in's Interesse gezogen sind. Schneiderei und Schuhmacherei sind eben Geschäfte, welche sich nicht für Aktiengesellschaften eignen.

Seit dem neuen, oben erwähnten Gesetz hat die Gesellschaft die Gesammthaft aufgegeben, sich unter das Gesetz gestellt und ihre Geschäfte damit auch auf das ganze Publikum ausgedehnt. Sie ist nichts als eine Aktiengesellschaft von Spezerei-, Fleisch-, Tuch-, Kleider- und Schuhläden.

Man betrachtet die durch das Gesetz gewährte Licenz als eine große Erleichterung des Gesellschaftswesens zu Gunsten der ärmeren Klassen. Wir wollen hoffen, daß dem so sei. Ich kann aber die Besorgniß nicht unterdrücken, daß die Gesellschaften in dieser Organisation leichter Verlusten ausgesetzt sind und aus Mangel an sorgfältiger Aufsicht, wie sie nur der Privateigenthümer übt, in Zeiten der Krisis in die größte Gefahr gerathen können. Jedenfalls dürfen sich solche Gesellschaften nur mit Gegenständen befassen, welche ihnen bekannt und in der Gegend einheimisch sind; in welchen also weder Lehrgeld zu bezahlen, noch Arbeiter erst einzuschulen, noch den Direktoren zu große Verantwortlichkeit aufzubürden, noch von ihnen außerordentliche Eigenschaften zu fordern sind.

Die Pioniere haben neben ihren Geschäften auch ein Lesekabinet mit Zeitungen und eine Bibliothek, welche recht gut assortirt ist.

Unter vorzugsweiſer Betheiligung von „Pionieren“, aber als ſelbſtſtändige Geſchäfte, ſind auch eine Dampf= mahlmühle und eine Baumwollenſpinnerei errichtet worden. Die Mahlmühle nimmt die Mitte zwiſchen einer Genoſſenſchaft und einer Aktiengeſellſchaft ein. Hier iſt der Ort, dieſe verſchiedenen Geſellſchaften zu klaſſificiren:

1) Die Letztere iſt nämlich bekanntlich eine anonyme Geſellſchaft, deren Mitglieder nur für den Betrag ihres Antheils an genommenen Aktien haftbar ſind, deren Direk= tion aber gar nicht haftet, obwohl ſie das Recht hat, die Geſellſchaft überall, auch vor Gericht, zu vertreten. Wegen dieſer Vorrechte bedarf die anonyme Aktiengeſellſchaft der Conceſſion der Regierung.

2) Eine Commandit=Geſellſchaft unterſcheidet ſich von der anonymen Aktien=Geſellſchaft darin, daß die ſtillen Theilhaber nur bis zum Belauf ihrer Antheilſcheine (Aktien) haftbar ſind, daß dagegen die Firmaträger mit ihrem ganzen Vermögen haften. Dieſe brauchen daher keine Con= ceſſion, ſondern nur die Berechtigung des Firma=Trägers, Geſchäfte zu treiben.

3) Genoſſenſchaften haben — wenigſtens ſo lange nicht ein beſonderes Geſetz ihr Verhältniß regelt, was außer in England noch nirgends geſchehen iſt — weder die Rechte der anonymen Geſellſchaften, ſich vor Gericht durch ihre Direktion vertreten zu laſſen, noch das Verhältniß der Commandit=Geſellſchaft, daß der Chef mit ſeinem ganzen Vermögen haftet. Sie beruhen auf einem freieren Ver= tragsverhältniß. Bei Klagen gegen Schuldner muß jedes einzelne Mitglied dem Sekretär oder Präſidenten der Ge= ſellſchaft Vollmacht ertheilen, und im Falle von Zahlungs=

unfähigkeit der Kaffe kann bei solidarischer Haft jedes einzelne Mitglied verklagt werden.

Ferner arbeiten Genossenschaften in der Regel nur für ihre Mitglieder, z. B. Vorschußvereine, Rohstoff= vereine, Consum= und Maschinenvereine, oder nur durch ihre Mitglieder, wenn sie Produktiv=Genossenschaften sind und an's Publikum verkaufen müssen. Dieses Arbeiten für oder durch die eigenen Mitglieder ist das wesentliche Unterscheidungsmerkmal der Genossenschaften von den ano= nymen Gesellschaften. Denn was das erste Ausnahme= Verhältniß betrifft, so hofft man, daß die Gesetzgebung bald die Lücke ausfüllen, und die Genossenschaften ermäch= tigen wird, sich ebenfalls durch ihren Vorstand vor Gericht vertreten zu lassen.

Während der Antheilschein bei den Pionieren von Rochdale L. 1 (25 Fr.), beträgt er bei der Dampfmahl= mühle auch nur L. 1, indessen muß das Mitglied 5 Aktien besetzen, bis es Dividende ausbezahlt erhält. Die Aktionäre, welche von der Mühle kaufen oder bei ihr mahlen lassen, erhalten 2% Sconto und dazu ihren Gewinnantheil am Ende des Jahres. Bei dieser Mühle sind viele Pächter der Umgegend und auch dabei beschäftigte und bezahlte Arbeiter Aktionäre. Doch ist auch hier die Regel, daß die Arbeiter genommen werden, wie man sie bekommt, ohne Rücksicht darauf, ob sie Aktionäre sind. In den ersten Jahren ging das Geschäft nicht sonderlich, wahrscheinlich aus Mangel an tüchtiger Leitung, und man war nahe daran, umzuwerfen, — allein jetzt geht die Mühle gut. Auch hat sie gute mechanische Einrichtungen.

In dem benachbarten Halifax ist kürzlich eine noch größere Aktien=Dampfmühle errichtet worden.

Der wesentliche Gemeinnutzen dieser Unternehmungen besteht, wie bemerkt, in der Kleinheit der Aktien, welche es dem ärmsten Mann möglich macht, Aktionär zu werden, und ihn zum Sparen reizt. Das ist besser, als seine Ersparnisse in Lotterieloosen anzulegen.

Die Spinnerei hat 20,000 Spindeln, 340 Webstühle und 240 Pferde=Dampfkraft. Der Betrag der Aktien ist 5 L. Jedes Mitglied muß zwei Aktien besitzen, um stimmfähig zu sein und es dürfen sich nicht mehr als 200 L. an Aktien in einer Person vereinigen.

Die Spinnerei hat durch die Krisis hindurch arbeiten lassen, während manche benachbarte Etablissemente stille standen. Sie hat ihre Maschinen dahin abgeändert, daß jetzt lang= und kurzstapelige Baumwolle gesponnen werden kann.

Wir sehen also, die englischen Genossenschaften sind, nachdem sie sich sämmtlich unter das neue Gesetz, welches die beschänkte Haftbarkeit gestattet, gestellt haben, nichts als die Ausdehnung der gewöhnlichen Aktiengesellschaft auf die tieferen Schichten der Bevölkerung. Sie unterscheiden sich nur durch kleineren Betrag der Aktien und größere Zahl der Mitglieder. Die bei ihren eingeführte ratenweise Einzahlung der Antheilscheine (Aktien) sind kein unterscheidendes Material, weil sie bei den gewöhnlichen Aktiengesellschaften auch besteht.

In Brüssel beabsichtigt man die Errichtung einer Volksbank unter dem Titel «Union du Crédit ouvrier», welche Sparkasse, Vorschußkasse und Alterversorgungskasse in sich vereinigen soll. Es ist die Absicht, keine Dividenden oder Zinsen zu vertheilen, sondern dieselben zur Dotation der Altersversorgung zu verwenden, und den berechtigten Mitgliedern gut zu schreiben. Diese Kasse erfordert aber eine sorgfältige, complicirte Verwaltung, welche kostspieliger ist, als bei den gewöhnlichen Vorschußkassen, deren Vortheil eben darin besteht, daß sie nur äußerst wenig, höchstens 2% Verwaltungskosten verursachen; denn das meiste wird durch Ehrenämter gemacht; nur der Kassirer ist zu besolden, und zwar kann diese Funktion, wenn der Umsatz nicht stark ist, neben einem anderen Geschäfte betrieben werden, so daß eine kleine Entschädigung ausreicht und nicht ein Mann ganz darauf gehalten werden muß. In Fabrikkreisen mag dieses Brüsseler Projekt indessen von großem Nutzen sein.

Die Association ist überhaupt so dehnbar, daß sie für alle möglichen Zwecke dienen, in alle möglichen Formen eingepaßt werden kann. Sie ist darum in Deutschland auf vielfache Zwecke angewendet worden. Außer den Consumvereinen und Vorschußvereinen, von welchen wir schon gesprochen, hat man Vereine, um **gemeinschaftlich Rohstoffe einzukaufen, gemeinschaftliche Magazine zu halten, für gemeinschaftliche Rechnung fremde Märkte mit Waaren zu beschicken.** Mainzer Schuhmacher haben einen Rohstoffverein und beziehen ihr Leder so bedeutend billiger, daß sie im Stande sind, nach Rußland, Schweden und Amerika Schuhe zu exportiren.

In Frankreich ist bis vor Kurzem nur eine Art von Association versucht worden: die Produkten=Genossenschaft, d. h. die Association zum selbstständigen industriellen Ge=

schäftsbetrieb. Im Jahr 1848 sind über 200 solche Asso=
ciationen zum Theil mit Staatshülfe gegründet worden, aber
sämmtlich bis auf 12 wieder zu Grunde gegangen. Dieß
darf weder wundernehmen noch entmuthigen. Nach der
Februarrevolution stockte einerseits der Absatz, so daß es
schwerer, als sonst war, ein neues Geschäft zu errichten;
andererseits drängten sich gerade auch viel träge und un=
geschickte Arbeiter in die Association und endlich hatten
nur wenige genügende Erfahrungen gemacht. Es bestehen
und prosperiren daher heute nur noch die Produktiv=
Genossenschaften der Buchdrucker, Blechner, Feilen=
hauer, Stuhlmacher, Klaviermacher, Maurer
u. s. w.

Neuerdings ist in Paris auch ein Vorschußverein
«Crédit mutuel» nach deutschem Muster gegründet worden.

In Deutschland haben die Produktiv=Genossenschaften
ebenfalls begonnen aufzutauchen: in Nürnberg Kamm=
macher, in Berlin Cigarrenarbeiter, Shawlweber
und noch einige andere Gewerbe; in Chemnitz Maschi=
nenbauer. Dieß sind ächte Genossenschaften, wie wir
sie oben definirt haben, in welchen alle Mitglieder Arbei=
ter sind.

Am besten würden Produktiv = Genossenschaften in
Industriezweigen gedeihen, welche nicht zusammenarbeiten
und dieselben Lokale erfordern, wo also weniger Streitig=
keiten zu fürchten sind; also z. B. in der Uhren= oder
Messerfabrikation.

Eine Genossenschaft von großer Tragweite ist die
Werkgenossenschaft, oder ein Verein zur gemeinschaft=
lichen Benutzung von mechanischen Triebkräften und Werk=

zeugmaschinen, weil sie die Vortheile der Großindustrie, vor deren erdrückender Concurrenz der kleine Mann sich wahren muß, einem Jeden zugänglich macht.

Bis jetzt ist uns nur ein einziger solcher Werkverein bekannt, welcher sogar als die älteste Genossenschaft zu betrachten ist, weil sie schon lange vor den Pionieren aus einer alten Innung in eine Genossenschaft sich verwandelte, — die Innung der Tuchmacher in Breslau. Dieselben hatten schon 1816 aus gemeinschaftlichen Mitteln eine Tuchwalke errichtet, und als diese abbrannte, bauten sie 1841 eine förmliche Tuchfabrik mit allen neuesten Werkzeugmaschinen im Werth von circa 500,000 Fr., wovon sie nur 20,000 Fr. baar hatten und 50,000 Fr. durch Hypothekaranlehen erhielten, das Uebrige aber durch Personalkredit aufbrachten, welches eben nur durch die solidarische Haftbarkeit möglich war. Die Gesellschaft gedieh so, daß sie 1863 bereits ein Vermögen von 800,000 Fr. hatte und 400,000 Fr. Dividende unter ihre 134 Mitglieder vertheilte, wovon 48 das Geschäft nicht mehr betrieben. Diese Tuchmacher bedienen sich der Maschine nur zur Produktion und verkaufen Jeder sein Tuch für eigene Rechnung. Dieselben könnten sich indessen noch mehr verbessern, wenn sie noch einen Rohstoffverein zum Ankauf der Rohwolle gründeten.

Allenthalben tauchen ähnliche Anfänge einer neuen durchgreifenden Reform der gewerblichen Produktion auf. In Berlin gibt es Maschinenfabrikanten, welche einen Theil ihrer Dampfkraft vermiethen. Ich sah, wie in einen an eine Maschinenfabrik stoßenden Schuppen Dampfkraft aus der Letzteren geleitet und an Schreiner vermiethet war,

welche Bandsägen und Hobelmaschinen damit in Bewegung
setzten.

In Nürnberg hat der Magistrat überschüssige Wasser=
kraft an der Regnitz mitten in der Stadt dazu benützt,
um eine Wasserkunst, die „Schwabenmühle,“ zu bauen,
ein dreistöckiges Gebäude mit 46 getrennten Werkstätten,
in welche die mechanische Triebkraft mittels Transmissionen
geleitet ist; von ½ bis zu 2 und 3 Pferdekraft. Diese
Werkstätten werden an Handwerker und Industrielle ver=
miethet, welche die Auswahl, je nach der Kraft haben,
die sie brauchen. Sie sind sämmtlich nicht bloß besetzt,
sondern lange zum Voraus bestellt, wobei wegen des großen
Zudranges eine Reihenfolge nach dem Alter der Anmeldung
stattfindet. Ich sah darin 15 verschiedene Gewerbe vertreten,
darunter Kammmacher, Fournierschneider, Bleistiftmacher,
Optiker, Waagemacher, Glasschleifer u. s. w., welche gegen
ein geringes Miethgeld alle Vortheile einer Fabrik genießen.
Welche Fundgrube für Gewerbtreibende ist nicht diese ein=
fache Wasserkunst. Was in Nürnberg der Magistrat gethan,
das kann anderwärts eine Aktiengesellschaft und im äußersten
Fall eine Genossenschaft, so gut dieß den Breslauer
Tuchmachern gelungen ist. Gerade diese Errichtung ge=
nossenschaftlicher Werkstätten mit mechanischen
Triebkräften ist ein wahres Ei des Columbus für alle
diejenigen Gewerbe, welche mechanische Triebkraft nöthig
haben, um mit der Großindustrie selbstständig concurriren
zu können, die sich für Produktiv=Genossenschaften aber
nicht eignen.

Um ein Beispiel herauszugreifen, nehmen wir Schrei=
ner und Wagner. Durch die Eisenbahnen und die

Nothwendigkeit, für dieselben dauerhafte Wagen in großer Quantität und in kürzester Zeit herzustellen, ist die Erfindung einer Anzahl von Holzbearbeitungsmaschinen angeregt worden, welche die Handarbeit fast ebenso in Schatten stellen, wie die Spinnmaschine das Spinnrad. Wo eine eilfblätterige Gattersäge einen Stamm in zehn Minuten in zwölf Bretter sägt und eine Gesimshobelmaschine in zehn Arbeitsstunden 12,000 □' Bretter hobelt, da können auf die Dauer die Getäfel, die Fußböden, Fenster und Thüren nicht mehr mit dem Handhobel gemacht werden. Jene Handwerker müssen mit der Zeit entweder das Halbfabrikat aus der Fabrik kaufen und sich nur mit dem Zusammensetzen beschäftigen, oder sie müssen einen solchen Maschinen- oder Werkverein gründen, in dessen Werkstätten sie ihren Bedarf sägen und hobeln lassen.

Ein anderer Umstand wird diese Einrichtungen bald zur Nothwendigkeit werden lassen. Das Holz wird immer theurer, gehörig ausgetrocknete Stämme immer seltener; der Abstand zwischen der von Bauschreinern und der von Fabriken gelieferten Arbeit immer größer. Die Eisenbahnwagen werden gewiß genug herumgeschüttelt! Wer hat je eine Ritze in deren Holzgetäfel gesehen, wie sie in den neuen Häusern der meisten Städte schon nach dem ersten Vierteljahr in Thüren und Fenstern vorkommen? Das kommt daher, daß die Eisenbahnwagen-Fabriken das Holz auf mechanischem Wege, also in kürzester Zeit, entweder durch Dampf oder heiße Luft in besonderen Apparaten trocknen, während die Schreiner diesen Prozeß bis jetzt noch der Sonne überlassen. Dieser letztere erfordert aber eben so viel Jahre, als jener Tage. Es ist für die Bauschreiner allmälig eine unabwendbare Nothwendigkeit geworden, diese Holztrockenapparate anzuschaffen. Auf genossenschaftlichem Wege ist es ihnen eine Leichtigkeit, Gattersäge, Schweifsäge und Gesimshobelmaschine beizufügen. Das Mittel liegt in ihrer Hand; ergreifen sie es nicht, so dürfen sie sich nicht beklagen, wenn Fabrikunternehmer zuvorkommen.

Wir sehen also, daß für alle Uebel Heilmittel vorhanden sind, wenn man das Uebel nur richtig erkennt, nachdenkt, und die Kraft hat, von träger Gewohnheit und Vorurtheil sich loszusagen. Das Neue, wissenschaftlich und praktisch Bewährte bringt keine Gefahr, — aber der Zwitterzustand, das zaghafte Schwanken zwischen Alt und Neu.

———

Um allen Solchen, welche gesonnen sind, Genossenschaften zu errichten, Arbeit zu sparen, füge ich die Statuten einer Volksbank (wie sie unter dem Spezialnamen von Vorschußverein, Kreditgenossenschaft, Gewerbekasse, Vereinskasse, Handwerkerbank u. ähnl. bestehen) bei, welche nach Prüfung der Statuten der bewährtesten Genossenschaften, und nach reiflicher Berathung bewährter Fachleute, von Banquiers, Kaufleuten, Volkswirthen, Juristen und Handwerkern ausgearbeitet worden sind. Es sind die der Frankfurter Gewerbekasse. Dieselben können auch für Genossenschaften anderer Art benutzt werden, mit geringen Aenderungen, insbesondere der Artikel, welche vom Zweck des Vereins handeln.

Statuten einer Volksbank.

Zweck der Volksbank,

(sonst auch genannt Vorschußverein, Kreditgenossenschaft, Gewerbekasse, Handwerkerbank u. s. w.).

Art. 1.

Der Zweck des Vereins ist:

a) seinen Mitgliedern durch gemeinschaftlichen Kredit Vorschüsse zu gewähren und denselben dadurch
zu ihrem Geschäftsbetrieb wohlfeilere Kapitalien zu verschaffen;

b) durch verzinsliche Einlagen in die Kasse des Vereins
und Annahme von Geldern in laufender Rechnung
Gelegenheit zur Ansammlung größerer Kapitalien
zu geben, und

c) den Geldverkehr unter den Gewerbtreibenden in möglichst einfacher, wenig zeitraubender Weise zu vermitteln.

Art. 2.

Der erforderliche Betriebsfonds wird aufgebracht:

a) durch Antheilseinlagen der Mitglieder;

b) durch von dem Vereine in seiner Gesammtheit mit
solidarischer Haftbarkeit der einzelnen Mitglieder
aufgenommene Darlehen;

c) durch Einzahlungen in die Vereinskasse, sowie durch die verzinslichen und unverzinslichen Guthaben in laufender Rechnung.

Art. 3.

Der Wirkungskreis des Vorschußvereins umfaßt demnach folgende Geschäftszweige:

a) die Annahme von Mitgliederbeiträgen und Spareinlagen (von Nichtmitgliedern);

b) die Eröffnung von laufenden Rechnungen an die Mitglieder;

c) die Gewährung von Vorschüssen an die Mitglieder;

d) die Diskontirung und Reeskomptirung von Wechseln;

e) die Aufnahme von Darlehen gegen solidarische Haftung aller Mitglieder;

f) die Einkassirung von Wechseln, Anweisungen und Rechnungen für die Mitglieder *).

Art. 4.

Jedes Mitglied ist verpflichtet, eine Summe von zweihundertfünfzig Franken entweder auf einmal oder in Ratenzahlungen von mindestens fünf Franken monatlich einzuzahlen, welche sein Eigenthum bleiben, aber während der Dauer der Mitgliedschaft zum Betriebsfonds gehören. Eine

---

*) Die Eröffnung der unter d) und f) bezeichneten Geschäfte erfolgt erst nach besonderem Beschluß der Generalversammlung des Vereins, wenn der betreffende Ort genügenden Geschäftsverkehr besitzt. Für kleinere Orte würden sich diese Geschäfte nicht eignen. In diesem Falle würden in den Statuten alle den Wechselverkehr betreffenden Bestimmungen in Art. 6, 10, 11 und 12 wegfallen.

Einzahlung von zweihundertfünfzig Franken bildet einen Antheil. Kein Mitglied kann mehr als zwei solcher Antheile besitzen, d. h. mehr als fünfhundert Franken als Dividende tragenden Beitrag einzahlen*).

Wer mit einer festgesetzten monatlichen Ratenzahlung nach dem 16ten eines jeden Monats noch im Rückstande ist, hat für jede 8 Tage Säumniß 5 Cent. per Franken Conventionalstrafe zu bezahlen. (Siehe Art. 31.)

Die Mitglieder haften durch die Unterzeichnung der Statuten für die vom Vorstande für Rechnung des Vereins aufgenommenen Darlehen, für die verzinslichen Einlagen und Contocorrent=Guthaben zunächst mit ihren Vereins=Antheilen und überhaupt solidarisch.

Jedes Mitglied hat bei seinem Eintritt einen Beitrag von drei Franken zum Reservefonds einzuzahlen.

Art. 5.

Die Einlagen eines Mitgliedes über den Betrag der Vereinsantheile hinaus werden als Spareinlagen behandelt.

Spareinlagen werden auch von Nichtmitgliedern angenommen und von den Vereinsmitgliedern solidarisch garantirt. Den Einlegern wird ein Quittungsbuch darüber eingehändigt. Der Zinsfuß der Einlagen, die Zinstermine und Kündigungsfristen werden vom Vorstande festgesetzt und bekannt gemacht.

Art. 6.

Der Vorschußverein eröffnet seinen Mitgliedern auf Verlangen ein Conto in seinen Büchern, auf welchem ein-

---

*) Die Geldbeiträge sind für eine Stadt wie Bern berechnet. Kleinere Orte würden geringere Summen ansetzen.

und ausgehende Gelder zu- und abgeschrieben werden, nach einer vom Vorstande festzusetzenden Geschäftsordnung.

Auch an Nichtmitglieder können nach übereinstimmendem Beschluß des Vorstandes und der Censoren laufende Rechnungen eröffnet werden. Bei Verweigerung werden keine Gründe angegeben.

Die Guthaben in laufender Rechnung sind entweder unverzinslich und alsbann jederzeit in den Geschäftsstunden zur Verfügung des Conto-Inhabers, oder nach einem von dem Vorstande festzusetzenden Zinsfuße vom Tage der Einlage an verzinslich und alsbann nur nach einer in der Geschäftsordnung bestimmten Kündigungsfrist erhältlich.

Die Auszahlungen geschehen an der Kasse des Vereins gegen gedruckte, von dem Conto-Inhaber unterzeichnete Anweisungen in Beträgen von nicht unter zehn Franken. Alle Diejenigen, welche ein Conto bei dem Verein haben, können ihre Wechsel bei demselben zahlbar machen.

Art. 7.

Der Vorschußverein leistet seinen Mitgliedern Vorschüsse von nicht weniger als zehn Franken, und bis höchstens zum zehnfachen Betrage ihrer baar einbezahlten Vereins-Antheile.

Vorschüsse können gegeben werden:

a) gegen Wechsel, durch welche außer dem kreditsuchenden Mitgliede mindestens Eine sichere Unterschrift verpflichtet ist;

b) gegen Verpfändung von Staatspapieren, Aktien und sonstigen Werthpapieren zu zwei Drittttheilen des Tagescourses;

c) bis zur Höhe der eingezahlten Vereins-Antheile können Vorschüsse ohne weitere Sicherheit gegen wechselmäßige Verpflichtung des Kreditsuchenden gegeben werden.

Die Höhe des Zinsfußes bei den Vorschüssen, sowie die zu zahlende Provision setzt der Vorstand fest.

Art. 8.

Die Vorschußgesuche sind schriftlich an den Vorstand zu richten und werden von demselben den Censoren zur Entscheidung vorgelegt. Bei Zurückweisung oder Reduktion von Vorschußgesuchen werden keine Gründe angegeben. Der Vorstand ist nicht gezwungen, einen von den Censoren gegen seinen Antrag eingeräumten Vorschuß zu bewilligen. Der Vorschuß kann daher nur bewilligt werden, wenn Censoren und Vorstand übereinstimmend darüber beschließen.

Art. 9.

Die Rückzahlungsfristen werden mit dem Kreditsuchenden im Voraus vereinbart, sind jedoch nicht über drei Monate hinaus zu gewähren. Rückzahlungen in Raten sind zulässig. Abgewiesene Vorschußgesuche können erst nach Verlauf von einem Monat wieder eingebracht werden.

Gesuche um Prolongation von Vorschüssen sind wie neue Vorschußgesuche zu behandeln, jedoch kann ein Vorschuß nicht mehr als einmal prolongirt werden, im Ganzen also nicht länger als sechs Monate ausstehen.

Art. 10.

Ist der Vorschuß vom Empfänger zur festgesetzten Zeit nicht zurückgezahlt worden, so ist das Pfand verfallen und der Vorstand verpflichtet, dasselbe nach Ablauf eines dem Schuldner anzukündigenden kurzen Termins verkaufen zu laſſen, um die Forderung des Vereins aus dem Erlöſe zu decken.

Bezüglich der wechſelmäßigen Verpflichtungen hat der Vorſtand nach dem Wechſelrecht zu verfahren.

Art. 11.

Abgeſehen von der Höhe der Vorſchüſſe, welche der Vorſchußverein nach Art. 8 bewilligen darf, kann er von ſeinen Mitgliedern Wechſel auf hier und auf auswärtige Plätze diskontiren und kaufen, wenn dieſelben nicht länger als drei Monate zu laufen haben und mit drei notoriſch guten Unterſchriften verſehen ſind. Der Vorſtand kann die beantragte Diskontirung mit Zuſtimmung der Cenſoren bewilligen oder verweigern, ohne Gründe ſeines Verfahrens anzugeben.

Art. 12.

Zur zeitweiligen Anlage müßiger Baarbeſtände kann die Verwaltung auch von Nichtmitgliedern gute Wechſel auf hier (erſten Diskonto) mit Anwendung der im Art. 11 enthaltenen Beſchränkungen ankaufen.

Die auf dieſe Weiſe gekauften, ſowie die von den Mitgliedern diskontirten, gekauften oder gegen Vorſchüſſe erlegten Wechſel kann der Vorſtand jederzeit wieder begeben (reeskomptiren).

Art. 13.

Der Vorſtand kann von Nichtmitgliedern für Rechnung des Vorſchußvereins verzinsliche Darlehen aufnehmen mit der Wirkung, daß ſämmtliche Vereinsglieder dafür den Gläubigern ſolidariſch verhaftet werden und ſowohl zu dieſem Zwecke als auch zur Vermittlung ihres Geldverkehrs mit Banken oder Bankhäuſern in laufende Rechnung treten.

Art. 14.

Der Vorschußverein kann für Rechnung der Folio=
Inhaber die Einkassirung von Wechseln, Anweisungen und
Rechnungen übernehmen.

Art. 15.

Der Vorschußverein darf sich mit keinen anderen als
den in den Art. 4—15 erwähnten Geschäftszweigen, sei es
unmittelbar oder mittelbar, befassen.

Verwaltung. Generalversammlung des Vereins.

Art. 16.

Die Vereinsangelegenheiten werden geleitet:
a) durch die Generalversammlung der Vereinsmitglieder;
b) durch den Vorstand;
c) durch den größeren Ausschuß.

Art. 17.

Alljährlich in den drei ersten Monaten des Jahres
findet die ordentliche Generalversammlung der Vereinsmit=
glieder statt. Außerordentliche Generalversammlungen kann
der Vorstand oder der größere Ausschuß durch denselben
der Gesellschaft anberaumen lassen. Wenn zwanzig Mit=
glieder darauf antragen, muß eine Generalversammlung
in den nächsten vier Wochen von dem Vorstande zusammen=
berufen werden. Die Berufung der Generalversammlung
ist zweimal, das letzte Mal 8 Tage vor der Versammlung,
in Tagesblättern anzuzeigen.

Der ordentlichen Generalversammlung ist durch den Vorstand der Jahresbericht abzustatten und die Bilanz vorzulegen. Der größere Ausschuß hat den Revisionsbericht zu erstatten. Nach Anhörung desselben ertheilt die Generalversammlung, wenn keine Beanstandung stattgefunden hat, dem Vorstand Decharge.

Die Generalversammlung kann bei Beanstandung der Bilanz oder der Geschäftsführung außerordentliche Kommissionen aus ihrer Mitte zur Ermittelung des Thatbestandes niedersetzen. Die Generalversammlung hat die statutengemäßen Neuwahlen vorzunehmen.

Art. 18.

Jedes Mitglied der Vereins ist berechtigt, in den Generalversammlungen zu erscheinen und bei allen Wahlen und Vereinsbeschlüssen abzustimmen. Jedes Mitglied hat eine Stimme. Abwesende Mitglieder können sich durch einen Bevollmächtigten aus der Zahl der Mitglieder vertreten lassen, jedoch kann ein Mitglied nicht mehr als drei Stimmen in sich vereinigen.

Zur Gültigkeit der Beschlüsse und Abstimmungen ist absolute Stimmenmehrheit, bei Wahlen relative Stimmenmehrheit erforderlich. Bei Gleichheit der Stimmen gibt der Vorsitzende den Ausschlag.

Die Abstimmungen müssen, wenn drei anwesende Mitglieder es verlangen, durch Stimmzettel erfolgen.

Beschlüsse und Wahlen sind für die nicht anwesenden Mitglieder rechtsverbindlich.

Anträge und Bemerkungen des Gesellschaftspräsidenten

müssen in der Generalversammlung jedesmal zuerst zur Verhandlung und Abstimmung kommen.

Selbstständige Anträge von Mitgliedern (insofern sie von fünf anwesenden Mitgliedern unterstützt werden) kommen erst nach den Anträgen der Vereinsbehörden zur Diskussion und Abstimmung.

Art. 19.

Aenderungen der Statuten können nur in einer Generalversammlung mit drei Viertel Stimmenmehrheit der anwesenden Mitglieder beschlossen werden, und treten nach Genehmigung durch die Generalversammlung der Gesellschaft in Kraft.

Der auf Abänderung der Statuten gerichtete Antrag muß in der Einberufung angezeigt werden.

Art. 20.

Ueber einen Antrag auf Auflösung des Vereins kann von einer Generalversammlung, welche das erste Mal darüber zu entscheiden hat, ein gültiger Beschluß nur dann gefaßt werden, wenn der Berathungsgegenstand in der Einberufung angezeigt worden ist und wenn mindestens zwei Drittel der Vereinsmitglieder anwesend sind. Wenn nicht so viele Mitglieder erschienen sind, so kann nach einer nochmaligen Zusammenberufung der Generalversammlung die Majorität der Anwesenden über die Auflösung oder Trennung von der Gesellschaft beschließen.

Art. 21.

Die unmittelbare Leitung der Vereinsgeschäfte wird einem aus fünf Mitgliedern bestehenden Vorstande übertragen, der die Geschäfte unter sich vertheilt, namentlich einen ersten und zweiten Vorsitzenden und einen Kassirer ernennt.

Art. 22.

Die Wahl der Vorstandsmitglieder, welche zugleich Mitglieder der Gesellschaft sein müssen, erfolgt alljährlich in der ordentlichen Generalversammlung; ihre Amtsdauer ist mithin ein Jahr. Wiederwahl ist zulässig. Wenn ein Mitglied des Vorstandes im Laufe eines Geschäftsjahres austritt, so sorgt der Vorstand mit Zustimmung des größeren Ausschusses für seine Ersetzung bis zur nächsten Generalversammlung.

Art. 23.

Der Vorstand hat die allgemeinen Einrichtungen für den Geschäftsbetrieb zu treffen, die Angestellten zu wählen und zu entlassen, deren Gehalt und Instruktionen festzustellen. Der Vorstand hat Bücher und Rechnungen zu revidiren, die Kasse und Werthgegenstände in sicherer Verwahrung zu halten, in der Generalversammlung einen vollständigen Rechenschaftsbericht zu erstatten, einen solchen im November jeden Jahres der Gesellschaft vorzulegen, die öffentlichen Bekanntmachungen zu erlassen und die Generalversammlungen zu berufen (vergl. § 18). Er setzt die Bedingungen und Reglements für den Geschäftsbetrieb fest.

Der Vorstand trägt Sorge für die Beschaffung des erforderlichen Betriebskapitals (Art. 13), sowie für die Anlegung der vorhandenen Kassenbestände; er unterbreitet

täglich die eingehenden Vorschußgesuche und Diskontirungs=
Anträge den Censoren und beschließt darüber nach Maßgabe
des Art. 8.

Der Vorstand ist dem Verein und der Gesellschaft für
die Beobachtung der Statuten und der Vereinsbeschlüsse
verantwortlich.

Art. 24.

Der Vorstand vertritt den Verein namentlich auch
den Gerichten und Behörden gegenüber mit ausgedehntester
Vollmacht.

Die Unterschriften für den Vorstand führt der erste
oder zweite Vorsitzende mit dem Kassirer oder in dessen
Verhinderung mit einem anderen Mitgliede des Vorstandes.
Durch diese Collectivunterschrift ist der Verein verpflichtet.
Der Vorstand kann auch einzelne seiner Befugnisse durch
Gesammtbeschluß auf einzelne seiner Mitglieder übertragen
(insbesondere die Vertretung des Vereins gegenüber von
Gläubigern, Schuldnern und Gerichten).

Art. 25.

Der Vorsitzende ladet zu den Sitzungen des Vorstan=
des ein. Der Vorstand ist beschlußfähig, wenn nach er=
folgter Einladung wenigstens drei seiner Mitglieder an=
wesend sind. Er faßt seine Beschlüsse nach Stimmenmehr=
heit. Bei Stimmengleichheit entscheidet das Votum des
Vorsitzenden.

Es müssen täglich in bestimmten, vorher bekannt zu
machenden Stunden mindestens zwei Vorstandsmitglieder
im Vereinslokale anwesend sein, um Namens des Vorstan=
des zu fungiren.

Art. 26.

Die Mitglieder des Vorstandes erhalten für ihre Mühewaltung eine von der Generalversammlung festzusetzende Tantieme (Gewinnantheil).

Art. 27.

Der größere Ausschuß besteht aus achtzehn Mitgliedern, welche von der Generalversammlung nebst sechs Ersatzmännern erwählt werden. Jedes Jahr scheiden sechs Mitglieder und zwei Ersatzmänner desselben aus, anfänglich durch das Loos bestimmt, später nach dem Amtsalter. Die Ausscheidenden sind wieder wählbar.

Der größere Ausschuß führt die Kontrolle über den Vorstand. Er kann jederzeit die Bücher, Wechsel und Werthgegenstände revidiren auch einzelne seiner Mitglieder zu diesem Zwecke deputiren. Er bringt vorkommende Beschwerden gegen den Vorstand in seinen Sitzungen oder in der Generalversammlung zur Sprache. Der erste oder der zweite Präsident, von dem größeren Ausschuß aus seiner Mitte gewählt, führt den Vorsitz in der Generalversammlung. Der größere Ausschuß setzt die Geschäftsordnung der Generalversammlung fest. Er beschließt über die Aufnahme neuer Mitglieder. Der größere Ausschuß versammelt sich in der Regel monatlich. Er kann die Mitglieder des Vorstandes zu seinen Sitzungen einladen, und sich über die Lage des Geschäfts von denselben Bericht erstatten lassen. Ueber die Verhandlungen des größeren Ausschusses ist ein regelmäßiges Protokoll zu führen und von den in einer Sitzung anwesenden Mitgliedern zu unterzeichnen.

Zur Gültigkeit der Beschlüsse ist nach erfolgter Einladung sämmtlicher Mitglieder die Anwesenheit von mindestens neun Mitgliedern erforderlich. Bei Stimmengleichheit entscheidet das Votum des Vorsitzenden. Der größere Ausschuß ernennt aus seiner Mitte alljährlich drei Revisoren zur Prüfung der Bilanz und der ganzen Geschäftsführung und berichtet darüber in der Generalversammlung.

Art. 28.

Der größere Ausschuß theilt sich in sechs Unterabtheilungen von je drei Mitgliedern, von welchen an jedem Wochentage eine Abtheilung das Censorenamt versieht. Die Censoren haben über die Gesuche um Gewährung eines Conto-Corrent, und über die eingereichten Vorschuß- und Diskontirungsanträge mit dem Vorstand zu beschließen (Art. 8). Für jede Sitzung des Censorenkollegiums erhalten die Mitglieder Anwesenheitsmarken, für welche von der Generalversammlung eine Vergütung festgesetzt wird.

Art. 29.

Nur bei Nachtheilen, welche durch erweisliche Verletzungen des Statuts, durch Betrug, oder wobei Fahrlässigkeit der Vereinsbehörden entstanden, können dieselben verantwortlich gemacht werden.

Mitglieder.

Art. 30.

Zur Erlangung der Mitgliedschaft ist Dispositionsfähigkeit erforderlich. Die Anmeldung erfolgt schriftlich an

ben größeren Ausschuß und wird von demselben in der
nächsten Monatsversammlung erledigt.

Art. 31.

Die Mitgliedschaft und zugleich das Amt in einer
Vereinsbehörde hört auf:

a) In Ermangelung der in Art. 30 angegebenen Bedingungen;
b) ferner:
  1) bei eintretender Insolvenz;
  2) bei halbjähriger Restverbleibung der pflichtmäßi-
    gen Beiträge zum Betriebsfonds;
  3) wenn gegen ein Mitglied von dem Verein die
    gerichtliche Hülfsvollstreckung bewirkt worden ist;
  4) bei Nichtbefolgung oder Uebertretung des Statuts
    im Allgemeinen und der Vereinsbeschlüsse ins-
    besondere;
  5) bei Bestrafung wegen gemeiner Vergehen oder
    Verbrechen.

Art. 32.

Der Austritt eines Mitgliedes aus dem Vereine oder
der Rücktritt vom Amte ist schriftlich bei dem Vorstand
drei Monate vorher und zwar im Januar, April, Juli
oder Oktober anzuzeigen. Das ausscheidende Mitglied bleibt
jedoch, auch wenn die Mitgliedschaft nach den Bestimmungen
des Art. 31 erlischt, noch auf die Dauer eines Jahres von
seinem Austritte an für seine eingegangenen Verpflichtungen
haftbar, hat aber kein Recht mehr, sich an den Vereinsangelegenheiten zu betheiligen. Nach Ablauf dieser Zeit

und nach Erfüllung der von ihm dem Vereine gegenüber eingegangenen Verbindlichkeiten erhält der Ausgeschiedene sein Guthaben so wie am Schlusse des laufenden Rechnungs= jahres die auf seinen Antheil entfallende Dividende aus= bezahlt.

Die Ausstände bei zweifelhaften und falliten Schuld= nern werden dem Austretenden gegenüber als gänzlich verloren angesehen.

Art. 33.

Stirbt ein Mitglied, so erhalten die Erben dessen eingeschriebene Gutachten und Antheils=Einlagen nach ge= höriger Legitimation zurück; überlassen sie dem Vereine noch länger Gelder, so werden diese vom Todestage des verstorbenen Mitgliedes an wie die übrigen Spareinlagen oder Contocorrentguthaben behandelt.

Art. 34.

Betreibt die Wittwe eines Mitgliedes oder dessen minderjährige Kinder unter einem Vormunde dessen Ge= werbe weiter, so dauert auf deren Verlangen auch die Mitgliedschaft fort. Sonstige Erben und Rechtsnachfolger werden wie neu zu Mitgliedern angemeldete Personen angesehen.

Reservefonds.

Art. 35.

Zur Deckung etwaiger Verluste wird ein Reservefonds gebildet:

7

a) durch Eintrittsgelder;

b) durch theilweise Reservirung des Reingewinns nach dem Beschluß der Generalversammlung;

c) durch das Zinserträgniß der reservirten Beträge.

Der Reservefonds soll allmälig bis auf die Hälfte des Betrags der Antheilseinlagen anwachsen. Ueber denselben wird getrennte Rechnung geführt, obschon die Verwendung seiner Fonds gleich den übrigen Betriebsmitteln zu den Vereinszwecken gestattet ist.

Hat der Reservefonds die Höhe der Hälfte der Antheils= einlagen erreicht, so braucht er nicht weiter botirt zu wer= den und können selbst die Zinsen desselben wie der übrige Reingewinn unter die Mitglieder vertheilt werden.

Wird der Reservefonds zur Deckung von Verlusten in Anspruch genommen, so soll er in den nächstfolgenden Jahren wieder bis zur Normalhöhe ergänzt werden.

Einen Anspruch auf einen Antheil an dem Reservefonds haben erst nach Auflösung des Vereins diejenigen, welche zur Zeit des Beschlusses der Auflösung noch Mitglieder waren und zwar nach vollständiger Deckung der Vereins= passiven.

Die Auszahlung eines solchen Antheils erfolgt frühe= stens nach einer neunmonatlichen Frist, vom Tage des Auflösungsbeschlusses an gerechnet.

Bilanz.

Art. 36.

Auf den 31. Dezember eines jeden Jahres wird die Bilanz vom Verwaltungsrath gezogen und nach erfolgter

Revision und Genehmigung durch den größeren Ausschuß festgestellt. Auf Grund des Berichtes des größeren Ausschusses ertheilt die Generalversammlung dem Vorstande Decharge.

Aus dem nach der Jahresbilanz sich ergebenden Reingewinn werden die Verwaltungskosten und Tantiemen bestritten und der Reservefonds dotirt. Der Rest wird, nach Festsetzung der Tantiemen, und Vergütung für die Anwesenheitsmarken, nach Verhältniß der Einlagen als Dividende vertheilt, worüber die Generalversammlung auf Vorschlag des Vorstandes beschließt. Die Dividende wird den Mitgliedern, welche die Volleinzahlung ihrer Vereins-Antheile bewirkt haben, in baar ausbezahlt, denjenigen, welche noch nicht voll eingezahlt haben, à Conto gut geschrieben.

Art. 37.

Wenn die Bilanz ein Defizit ergibt, so ist dasselbe von der Gesammtheit der Vereinsmitglieder und zwar in gleichen Theilen einzubringen.

Der auf ein Mitglied entfallende Antheil am Defizit wird demselben entweder auf Conto-Corrent oder Spar-Einlagenbuch belastet, oder wenn das Guthaben die beziehenbliche Quote nicht decken sollte, nach vorgängiger Notifikation mit Anwendung aller zustehenden Rechtsmittel eingefordert.

Art. 38.

Die Ergebnisse der Jahresrechnung, die Vermögens-verhältnisse und der Mitgliederstand des Vereins werden alljährlich nach der Generalversammlung in Zeitungen veröffentlicht.

Art. 39.

Streitigkeiten zwischen den Mitgliedern als solche und zwischen Mitgliedern gegen die Vereinsbehörden, namentlich auch über die Auslegung der Statuten oder der gefaßten Vereinsbeschlüsse, welche die Rechte und Pflichten der Mitglieder berühren, werden lediglich durch die Generalversammlung entschieden, und alle gerichtlichen Klagen deßhalb sind ausgeschlossen.

Art. 40.

Ist in Gemäßheit des Art. 20 der Antrag auf Auflösung des Vereins gestellt, und derselbe von der Generalversammlung beschlossen worden, so ist der Verwaltungsrath verpflichtet, dafür zu sorgen, daß vor Ablauf von 6 Monaten, vom Tage des Auflösungsbeschlusses an gerechnet, alle Außenstände eingezogen und über diese Frist hinaus keine Vorschüsse mehr gemacht werden.

In diesem Zeitraum ist das ganze Rechnungswesen zu ordnen.

Nach Deckung der Passiven werden die verbleibenden Aktiven in Gemäßheit des Art. 36 und 37 unter die ordentlichen Mitglieder nach Verhältniß ihrer Einlagen vertheilt.

Zur Mittheilung des Schluß=Rechenschaftsberichtes ist noch eine letzte Generalversammlung einzuberufen.